KB037012

문해력 쫌 아는 10대

왜 잘 읽고 잘 써야 하나요?

문해력 쫌 아는 10대

박승오 글 | 신병근 그림 　풀빛

내 인생의 치트키, 문해력과 메타인지

아마존 창업자 제프 베이조스,

구글 창업자 래리 페이지,

애플 창업자 스티브 잡스,

마이크로소프트 창업자 빌 게이츠,

전설적인 투자가 워런 버핏.

세계에서 가장 부자로 꼽히는 사람들이야. 이 사람들의 공통점이 뭔 줄 아니? 좋은 대학교를 나왔다? 말을 유창하게 잘한다? 모두 남자다? 그런 표면적인 것 말고 잘 알려지지 않은 공통점이 하나 있어. 바로 이 사람들이 '독서광'이자 '글쓰기 마니아'라는 사실이야.

이 부자들은 엄청나게 많은 책을 읽었고 글을 썼어. 소문난 책벌레인 빌 게이츠는 개인 블로그인 '게이츠 노트'를 운영하고 있는데 요즘도 한 달에 서너 편씩 글을 쓰고 있어. 워런 버핏은 고등학생 때 읽은 《현명한 투자자》라는 책 한 권 때문에 투자가

로서의 삶을 살게 되었지. 세계 최고 부자들의 공통점은 '글'을 중심으로 생활했던 사람들이라는 거야. 세계에서 가장 바쁜 사람들이었지만 그럼에도 매일 글을 읽고 썼어.

"뛰어난 독서가이지만 독서에 너무 많은 시간을 허비한다. 학교 공부에 의욕이 없고 목표를 세우는 걸 어려워한다. 때로는 규칙에 어긋나는 행동을 한다."

스티브 잡스의 초등학교 성적표에 적힌 평가야. 잡스는 툭하면 학교를 빼먹고 성적도 좋지 못했던 문제아였지. 그런데 이해력만큼은 남달랐어. 초등학교 4학년 때 고등학교 2학년의 국어 문제를 술술 풀어냈다고 알려져 있거든. 이렇게 문제를 읽고 이해하는 능력이 빠르다 보니 중학교, 고등학교를 올라갈수록 성적이 올랐고 미국의 명문 사립대학교인 '리드 칼리지'에 입학할 수 있었지. 그렇게 성적이 점점 올랐던 이유는 아이러니하게도 '독서에 너무 많은 시간을 허비'한 덕분이야.

잡스는 타고난 연설가로도 알려져 있어. 아이팟이나 아이폰이 새롭게 출시될 때마다 직접 프레젠테이션을 했는데, 간결하면서도 효과적인 그의 발표 방식은 유명하지. 잡스처럼 세계 최고의 부자들 대부분이 좋은 대학을 갈 수 있었던 것도, 말을 유창하게 잘하는 것도 사실 많은 책을 읽은 덕분이야.

글쓰기는 어떨까? 세계 최고의 부자들은 모두 엄청 바쁜 와중에도 글을 써서 책으로 펴냈어. 단지 자기 성공을 세상 사람들에게 자랑하려고 책을 쓴 건 아니야. 오히려 반대에 가까워. 이들은 어렸을 적부터 글쓰기를 좋아했고, 그게 자신이 성공할 수 있었던 이유라고 말하지. 글쓰기가 '생각을 생각하는 능력', 곧 메타인지(Metacognition) 능력을 높이기 때문이야. 메타인지가 뛰어난 사람은 어떤 문제가 닥쳐도 가장 효과적인 전략을 만들어서 그 문제를 풀어 낼 수 있어. 제프 베이조스는 "글쓰기야말로 사고력을 개발하는 전부"라고 말하기도 했지.

하버드대학교의 리처드 라이트 교수는 하버드 졸업생 1600명을 인터뷰하면서 '대학 시절에 어떤 과목이 제일 도움이 되었는지' 물었어. 놀랍게도 1위가 어떤 과목이었는지 아니? 무려 90퍼센트의 졸업생이 '글쓰기 수업'을 꼽았어. 실제로 하버드대학교는 모든 신입생들에게 글쓰기 수업을 필수 과목으로 지정하고, 모든 수업에서 리포트를 강조해. 하버드생이 졸업할 때까지 쓰는 글의 무게가 50킬로그램이 넘는다는 이야기는 유명하지.

왜 책을 읽고 글을 쓰는 사람이 돈을 잘 벌까? 왜 책을 좋아하는 사람일수록 성적이 점점 오를까? 왜 세계 최고의 대학들은 글쓰기 훈련을 중요하게 생각할까?

왜냐하면 글이라는 게 우리의 '사고력'을 훈련해 주기 때문이야. 글을 읽고 쓰는 훈련이 뇌를 3배는 더 효과적으로 쓸 수 있게 해 주거든. 우리 뇌에는 글과 관련된 영역이 따로 없기 때문에 글을 읽고 쓰려면 뇌의 여러 부위가 축구 경기를 하는 것처럼 팀플레이를 해야 해. 그러다 보니 자연스럽게 뇌의 전체 부위가 발달하게 되는 거지.

요즘 '문해력(文解力)'이라는 말이 유행하는 것도 이것 때문이야. 문해력은 글의 내용을 이해하고 자유자재로 글을 쓸 수 있는 능력을 말해. 문해력이 낮으면 단순히 국어 점수가 낮게 나오는 데서 그치지 않아. 수업을 잘 이해하지 못하고, 시험 문제를 읽어도 핵심을 파악하지 못하니 학년이 높아질수록 성적이 점점 낮아지게 되지. 요즘 수능 문제를 보면 지문이 엄청 길어. 문제를 풀려면 읽고 이해하는 능력이 정말 중요하다는 걸 알 수 있지. 문해력이 낮으면 사회에서 낙오자가 될 수 있어. 입시에서 제출하는 자기소개서, 대학교에서 과제로 내야 하는 리포트, 회사에서 쓰는 보고서와 기획안이 모두 '글'로 이루어져 있기 때문이야.

그런데 10대들의 읽기 능력은 점점 떨어지고 있어. 대부분 스마트폰 때문이야. 차근차근 읽어나가는 책과는 달리 스마트폰에서는 'F자 읽기'를 하게 돼. 위의 두 줄을 대충 본 후에 밑으로 쭉 직진해서 훑어보는 형식으로 읽으며 넘어가는 방식이야. 이런 읽기는 짧은 시간에 많은 정보를 접하는 데는 편리하지만,

문해력을 엄청나게 떨어트린다는 걸 알아야 해.

편리하다는 이유로 자동차만 타고 다니면 다리 근육이 약해지고 몸은 점점 뚱뚱해지잖아. 자동차 대신 자전거를 타고 다니면 어떻게 될까? 목적지에 빠르게 가면서 근육도 단단해지고 날씬한 몸이 되겠지. 책과 글은 우리의 사고력을 훈련하는 자전거와 같아. 읽고 쓸수록 이해력이 좋아지고 성적도 점점 올라가게 되지. 게다가 자전거처럼 한 번만 제대로 익혀 두면 10년이고 20년이고 두고두고 쓸 수 있으니 얼마나 좋아.

세계 최고의 부자들은 어린 시절 몸에 익혀둔 문해력과 메타인지를 꾸준히 사용해서 보통 사람들은 상상하기 힘든 일을 해 냈고, 막대한 부를 축적할 수 있었어. 이것은 게임을 시작할 때부터 치트키를 알고 시작한 것과 같아.

너는 일 년에 몇 권 정도의 책을 읽니?

그리고 몇 편 정도의 글을 쓰니?

이 질문을 듣고 부끄럽거나 걱정된다면 이 책을 읽어 보렴. 삼촌이 독서 왕초보들이 책에 재미를 붙이는 방법, 나한테 꼭 맞는 책을 고르는 법, SNS에서 '좋아요' 수천 개를 받는 글 쓰는 법, 심지어 책을 출간할 수 있는 방법까지 소개해 줄게. 책을 읽고 나면 독서와 글쓰기가 TV나 틱톡보다 훨씬 재미있는 활동이란 걸 알게 될 거야. 부모님이나 선생님 때문에 억지로 하는 게 아니라 내가 즐거워서 읽고 쓰게 될 거라는 의미야.

어때, 이 삼촌을 믿고 한번 따라와 볼래?

차례

3 메타인지를 높이는 글쓰기

1

문해력,
왜 중요할까?

책을 읽는다고 성적이 오르지는 않잖아요?

초등학교 때 공부를 잘했던 친구가 중학교에 올라가면서 갑자기 성적이 떨어지는 걸 본 적 있지? 반대로 성적이 갑자기 오르는 경우도 있고 말이야. 고등학교에 진학할 때도 비슷한 상황이 벌어지지. 물론 초중고 모두 우수한 성적을 유지하는 친구도 있지만, 그 숫자는 많지 않아. 공부 잘하는 고등학교 3학년 친구들 중에서 초등학생 때 우등생이었던 학생을 찾는 건 꽤 어려운 일이지. 대부분의 학생들이 중학교와 고등학교를 진학할 때 큰 폭의 성적 변화를 겪거든. 도대체 이 두 번의 시기에 어떤 일이 일어나기에 그런 걸까?

초등학교 때 우등생이 중학교에서 몰락하는 이유

상급학교로 진학하면서 성적이 갑자기 떨어진 친구들에게 이
유를 물어보면 대부분 이렇게 대답해.

"교과서랑 참고서가 너무 어려워요."
"공부할 게 너무 많아요."

그러니까 중학교나 고등학교에 진학하면서 교과서의 내용
이 갑자기 어려워졌다는 말이지. 실제로 절반 이상의 중고등학
생들이 교과서를 읽는 걸 어려워해. 단어가 어렵고 문장이 복잡
하다는 거지. 왜 이런 현상이 나타날까? 학년이 올라갈수록 교
육은 '듣기로 배우기'에서 '읽기로 배우기'로 바뀌기 때문이야.
　초등학교 때는 선생님이나 부모님의 설명을 들으면서 배
우는 게 대부분이야. 그러다가 중고등학교를 거쳐서 대학교에
이르면 설명을 들어서 배우는 비중은 줄어들고, 교과서나 참고
서를 읽으면서 배우는 비중이 점점 커지지. 말보다는 글이 더
정교한 논리로 지식을 압축하기 때문에 상급 학교로 진학할수
록 글에 더 집중하는 거야. 이때 문해력을 충분히 기르지 못해

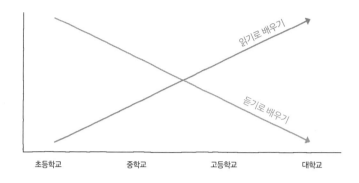

읽기로 배우기

듣기로 배우기

| 초등학교 | 중학교 | 고등학교 | 대학교 |

서 배우는 방법을 '듣기'에서 '읽기'로 바꾸지 못한 학생들은 점점 늘어나는 공부의 양을 감당하지 못하고 뒤처지게 돼.

여기에는 부모님과 학원의 영향도 한몫해. 읽는 게 익숙하지 않은 초등학교 때는 부모님이나 학원 선생님이 교과서의 내용을 풀어서 말로 설명해 주면 그것만 이해해도 성적이 쑥쑥 올라가지. 그러다가 중고등학생이 되면서부터는 차이가 점점 벌어지게 돼. 고등학교 공부부터는 복잡해지기 때문에 누군가의 설명만으로 이해하는 데엔 한계가 있어. 결국 교과서나 참고서를 읽고 스스로 터득해야 하는 시간이 온다는 거야.

"초등 성적은 엄마 성적

중등 성적은 학원 성적

고등 성적은 학생 성적."

실제로 선생님들 사이에서는 이 말이 유명해. 상급 학교로 진학할수록 스스로 학습해야 하는데 참고서를 읽고 이해할 수 있는 힘이 없으면 성적이 떨어질 수밖에 없는 거지. 교과서를 혼자 읽으며 공부하면 10분이면 끝나지만 선생님의 설명을 들으면 1시간이 넘게 걸려. 그러니 학원을 아무리 다녀도 성적이 쉽게 오르지 않을 수밖에.

물론 공부 잘하는 학생들도 학원이나 과외의 도움을 받아. 그런데 진짜 공부 잘하는 친구들은 사교육 이외에도 혼자만의 공부 시간을 가져. 약한 과목이나 이해하기 어려운 부분을 보충하기 위해 학원을 다니긴 하지만, 목적을 이루고 나면 그만두지. 왜냐하면 학원에는 나름의 진도가 있어서 내가 이미 알고 있는 것들도 설명을 꾸역꾸역 들어야 하거든, 시간 낭비지. 혼자 책을 통해 배우고 이해하면 내가 모르는 부분만 찾아서 공부할 수 있으니 훨씬 가성비가 좋아.

결국 성적이 오르는 비결은 교과서나 참고서를 읽고 스스로 공부할 수 있느냐, 없느냐의 차이야. 초등학생 때처럼 배워야 할 지식의 양이 적을 때는 문해력이 큰 문제가 안 되지만, 중고등학생이 되면 한정된 시간에 많이 공부해야 하니까 스스로 읽고 이해하는 문해력이 중요해진다는 거지.

수능의 변별력은 문제 이해력 🖋

기축 통화는 국제 거래에 결제 수단으로 통용되고 환율 결정에 기준이 되는 통화이다. 1960년 트리핀 교수는 브레턴우즈 체제에서의 기축 통화인 달러화의 구조적 모순을 지적했다. 한 국가의 재화와 서비스의 수출입 간 차이인 경상 수지는 수입이 수출을 초과하면 적자이고, 수출이 수입을 초과하면 흑자이다. 그는 "미국이 경상 수지 적자를 허용하지 않아 국제 유동성 공급이 중단되면 세계 경제는 크게 위축될 것"이라면서도 "반면 적자 상태가 지속돼 달러화가 과잉 공급되면 준비 자산으로서의 신뢰도가 저하되고 고정 환율 제도도 붕괴될 것"이라고 말했다.

이러한 트리핀 딜레마는 국제 유동성 확보와 달러화의 신뢰도 간의 문제이다. 국제 유동성이란 국제적으로 보편적인 통용력을 갖는 지불 수단을 말하는데, 금 본위 체제에서는 금이 국제 유동성의 역할을 했으며, 각 국가의 통화 가치는 정해진 양의 금의 가치에 고정되었다. 이에 따라 국가 간 통화의 교환 비율인 환율은 자동적으로 결정되었다. 이후 브레턴우즈 체제에서는 국제 유동성으로 달러화가 추가되어 '금 환 본위제'가 되었다.

2022학년도 수능 국어 영역 지문의 일부야. 그 해의 국어 영역
은 이전 해보다 쉽게 출제되었다고 평가받았는데도 불구하고

어려운 경제 용어가 가득하지? 이런 문제를 풀려면 어떻게 대비해야 할까? 경제 용어를 일일이 찾아보고, 경제 신문을 읽고, 경제학 책을 탐독하면서 지식을 쌓아야 할까? 그렇게 모든 분야의 지식을 쌓아서 수능을 대비한다면 10년이 걸려도 부족할 거야.

가장 좋은 시험 대비 방법은 기본기를 익히는 거야. 어려운 단어가 많아도 문맥을 파악할 줄 알면 글 속에서 그 의미를 이해할 수 있지. 마치 피아니스트가 모든 노래의 음계를 달달 외우지 않아도 연주를 할 수 있는 것과 같아. 악보를 볼 줄 알고 청음력을 키우고 리듬감을 익히면 대부분의 곡을 자유롭게 연주할 수 있게 되지. 음악에서 악보를 보는 능력, 청음력과 박자감이 공부에서는 바로 문해력이야. 문맥 속에서 뜻을 파악하고 행간 속에 숨어 있는 의미를 읽어 내는 능력이 있다면 아무리 어려운 글도 이해할 수 있거든.

물론 책을 읽는다고, 글을 쓸 줄 안다고 해서 바로 성적이 오르지는 않아. 하지만 기본기 없이 지식만 구겨 넣으면 학년이 높아질수록 공부는 더 재미없고 성적은 점점 낮아질 거야. 무딘 도끼로 나무를 찍는 것처럼 효과가 떨어지니 무리해서 도끼를 찍다가 지쳐서 나가떨어질지도 모르지.

3년간 독서량	언어 영역	수리 영역	외국어 영역
0권	86점	90점	87점
1~5권	95점	94점	94점
6~10권	99점	97점	97점
11권 이상	105점	99점	101점

교양서적 독서량과 수능 성적
(출처: 2015년 한국직업능력 개발원, 〈패널브리프: 독서, 신문 읽기와 학업 성취도, 그리고 취업〉)

　한국직업능력개발원이 10년간 고등학교 3학년 학생 4000명을 대상으로 조사한 독서량과 수능 성적의 관계성을 표로 보면 금방 알 수 있어. 책을 11권 이상 읽는 학생의 언어 영역 점수는 한 권도 안 읽는 친구보다 20점이 높아. 사실 3년간 11권이라면 1년에 3~4권 정도니 그리 많은 양이라고 할 수 없어. 그런데도 이렇게 차이가 크다면 독서를 통해 더 높은 성적 상승을 기대해 볼 수도 있겠지.

　게다가 독서는 언어 영역 이외의 과목에도 영향을 미쳐서 수리 영역에서는 9점, 외국어 영역에서는 14점의 차이를 보이고 있어. 독서를 많이 하면 외국어를 읽는 실력도 좋아지거든. 왜냐하면 언어의 종류를 떠나서 읽기에는 읽기만의 규칙이 있기 때문이야. 주제를 파악하고 모르는 단어를 추측하고, 주장과 근거를 구분하는 것은 지문을 읽거나 서술형 문제를 이해하는

데 중요한 능력이지. 수학 역시 단순히 숫자의 계산을 넘어 논리와 추론이 중요하기 때문에 독서를 많이 한 사람에게 유리해. 독서가 단순히 국어 성적만이 아니라 전체 과목에 걸쳐 '이해하는 능력'을 높여 준다는 증거라고 할 수 있어.

성적에 영향을 미치는 독서량 ✏️

흥미로운 통계 자료를 하나 더 보여 줄게. '부의 대물림' 현상이 갈수록 더 심해지고 있다는 말을 들어 본 적 있지? 부잣집 아이는 더 부자가 되고, 가난한 집 아이는 커서도 가난할 가능성이 더 커졌다는 이야기지. 사실, 문제는 부모 재산의 대물림보다도 교육 기회의 불평등이야. 머리가 좋고 공부를 잘해도 교육에 쓸 돈이 부족해서 좋은 학교에 진학하지 못하는 경우가 많아지고 있거든.

그런데 여기 더 흥미로운 통계 자료가 있어. 한국직업능력개발원이 10년간 조사한 바에 따르면 '부모의 소득'보다 성적에 더 큰 영향을 미치는 변수가 바로 '독서'였어. 부모 소득에 따라서 언어 영역 점수는 평균 12점의 차이를 보인 반면에, 독서량에 따라서는 22점까지도 차이가 난 거야. 수리 영역과 외국어 영역도 부모 소득 차이에서 오는 점수 차는 5점~8점 정도였지만, 독서량에 따라서는 16점까지 벌어졌지. 한마디로 부모 소득보다 독서량이 훨씬 성적에 영향을 미친다는 말이야.

이쯤 되면 독서는 성적을 올릴 수 있는 가장 확실한 방법이라 말할 수 있지 않을까? 물론 이때 만화책이나 잡지 같은 흥미 위주의 책을 읽는 건 제외야. 가볍게 훑고 지나가는 책들은 문해력을 높이는 데 큰 도움이 되지 않아. 문학이나 역사, 철학 등 깊이 있는 책을 읽는 게 성적과 직결돼. 왜냐하면 그렇게 어려운 책을 읽어 낼 줄 아는 친구들에게 교과서는 한 번만 읽어도 간단하게 이해되는 쉬운 책에 불과하기 때문이야. 어떤 지문이나 문제를 읽어도

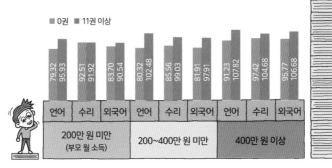

■ 0권 ■ 11권 이상

	200만 원 미만 (부모 월 소득)			200~400만 원 미만			400만 원 이상		
	언어	수리	외국어	언어	수리	외국어	언어	수리	외국어
0권	79.32	92.51	83.70	80.32	85.56	81.91	91.23	97.42	95.77
11권 이상	95.93	91.92	90.54	102.48	99.03	97.91	107.82	104.68	106.68

〈부모 가난해도 책 많이 읽으면 수능 성적 올라(표준점수 기준)〉,
2004년 당시 고3 4000명 조사, 수능은 2005학년도, 독서량은 고교 3년간 읽은 문학 서적
(자료: 한국직업능력개발원)

막힘이 없으니 시험을 잘 볼 수밖에.

보통 사람들이 말을 하거나 글을 쓸 때 사용하는 단어는 대략 1만 개 정도야. 그런데 국어사전에는 42만 개 정도의 단어들이 있어. 그러니 공통 어휘 1만 개를 제외한 41만 개의 희귀 어휘를 누가 더 많이 아는가가 중요해. 즉 '기축통화', '경상 수지' 같은 희귀 어휘를 얼마나 잘 아는지가 성적과 직결된다고 할 수 있지. 책을 읽어서 아는 어휘가 많은 학생은 문맥을 통해 파악하는 힘이 있을 테고, 따라서 문해력이 높을 수밖에 없겠지.

실제로 2021학년도 수능 만점자인 신지우 학생은 수능 만점 비결을 묻는 인터뷰에서 "고등학교 3년 내내 1시간 일찍 등교해서 편하게 읽은 책 덕분"이라고 말했어. 주로 소설과 과학책, 철학책을 '몸풀기'로 읽었다고 해. 2022년 수능의 유일한 만점자인 김선우 학생 역시 "어려서부터 책을 즐겨 읽은 습관이 도움이 됐다"라고 말했어. 학교를 다니면서 인문 사회 도서 위주로 1년에 10권 정도를 읽었는데 그중 《죽은 경제학자의 살아 있는 아이디어(토드 부크홀츠 저)》를 가장 좋아한대.

어떠니? 이래도 독서가 성적에 큰 도움이 안 된다고 말할 수 있을까?

읽고 쓰면 머리가 좋아진다고요?

유튜브에서 "거꾸로 자전거(back-wards brain bicycle)"라는 영상을 본 적이 있니? 데스틴(Destin)이라는 호주 유튜버의 영상인데, 조회 수가 3천만 회에 가까워. 아직 못 봤다면 아래 QR코드를 스캔해 보렴. 재미있을 거야.

데스틴은 어느 날 용접공인 친구로부터 특별한 자전거를 선물 받았어. 보통 자전거와는 반대로 핸들을 왼쪽으로 돌리면 바퀴가 오른쪽으로 돌아가고, 핸들을 오른쪽으로 꺾으면 바퀴

가 왼쪽으로 회전하는 '거꾸로 자전거'였지. 친구는 자전거를 선물하면서 "넌 아마 못 탈 거야"라며 웃었어. 데스틴이 코웃음을 치면서 페

달을 밟자마자 정말 넘어질 듯 휘청거렸지. 고개를 갸우뚱하면서 몇 번이나 시도해 보았지만 도무지 탈 수가 없었어. 2미터도 채 앞으로 가지 못하고 계속해서 땅에 발을 디뎌야 했지.

뇌를 바꾸기 가장 좋은 시기 ✏️

데스틴뿐만 아니라 거의 모든 사람들이 거꾸로 자전거를 타지 못해. 삼촌도 서울 홍대 근처에서 내기로 이 자전거를 타 본 적이 있는데, 도무지 제대로 콘트롤할 수가 없더라고(내 돈 3000원!). 핸들의 방향이 바뀐 것뿐인데 왜 못 탈까? 우리 뇌가 이미 보통 자전거에 익숙해져서, 자전거에 조금만 변화를 줘도 다시 새롭게 적응해야 하기 때문이야. 뇌세포를 연결하는 시냅스(synapse)라는 연결은 한 번 굳어지면 잘 변하지 않는 습성이 있거든.

데스틴은 그날 이후 매일 거리로 나와 거꾸로 자전거를 타는 연습을 했어. 계속 넘어지면서 말이야. 익숙하게 타기까지 얼마나 걸렸을까? 무려 8개월이야. 자전거 핸들 방향에 익숙해지는 데 240일이라니! 그만큼 뇌의 연결고리는 잘 변하지 않는다는 거지. 이 영상에서 재밌는 부분은 거꾸로 자전거를 초등학생 아들이 배우는 장면이야. 아빠가 8개월이나 걸린 일을 아이는 얼마 만에 적응할까? 놀랍게도 겨우 2주 만에 적응 완료!

아빠는 8개월, 아들은 2주 걸렸다는 사실은 뭘 의미할까? 어릴 때의 뇌는 말랑말랑해서 변하기 쉬운 반면 나이가 들수록 뇌의 구조가 점점 굳어가는 걸 의미해. 이렇게 뇌가 변화에 적응해서 변하는 걸 뇌의 가소성(plasticity)이라고 부르는데, 대부분의 뇌과학자들은 청소년기를 지나면 뇌의 가소성이 급격히 낮아진다고 말하지.

쉽게 말해 청소년기는 뇌를 똑똑하게 바꿀 수 있는 좋은 시기야. 이때는 무언가를 배우면 뇌 속에서 새로운 시냅스 연결이 생성되지. 악기를 배우거나 저글링을 배울 때도 우리 뇌는 새로운 것에 적응해서 그 구조를 조금씩 바꿔 가는 거야. 그래서 이때는 학습 속도가 빠를 뿐만 아니라 잘 잊어버리지도 않아. 어른들이 '공부에는 다 때가 있다'고 말하는 이유기도 하지. 그런데 악기를 연주하거나 운동하는 것만으로 지능이 많이 높아지지는 않아. 그런 활동들은 뇌의 한 부위만을 사용하기 때문이지. 예술가나 운동선수들이 모두 머리가 좋은 건 아닌 이유지.

뇌의 여러 부위를 활성화해서 가장 많이 변화시킬 수 있는 활동이 뭔 줄 아니? 바로 글을 읽고 쓰는 거야. 읽고 쓰는 과정을 통해 뇌의 여러 가지 부위가 서로 연결되고 통합되기 때문이야.

뇌의 구조를 바꾸는 독서 🖊️

뇌과학이 발달하면서 여러 가지 사실들이 밝혀지고 있는데, 그 중에서 흥미로운 건 뇌의 부위마다 기능이 각자 다르다는 거야. 생각하는 건 전두엽, 보는 건 후두엽, 듣는 건 측두엽에서 담당해. 기억은 해마라는 부위에서, 감정은 편도체, 운동은 소뇌에서 관장하고 말이야. 그런데 뇌과학자들은 '읽기'와 관련된 뇌의 부위가 따로 없다는 것을 발견하고는 크게 놀랐어. 글자를 읽고 쓰는 건 우리의 뇌에는 본래 없는 기능이라는 거야. 그런데 우리는 어떻게 글자를 읽을 수 있는 걸까?

뇌는 읽고 쓰기 위해 여러 부위를 동시에 가동해. 한 부위가 전담할 수 없으니 일을 나누어서 서로 협력하는 거야. 우리가 글자를 읽을 때를 살펴보면, 글자 자체를 뇌가 바로 인식하지 못한다는 걸 알게 돼. ① 글자를 본다 ② 소리로 바꾼다 ③ 소리를 뜻으로 바꾼다 ④ 뜻을 생각과 감정으로 이해한다, 이렇게 네 단계를 거치지. 이 네 가지 일을 뇌의 여러 부위가 나누어 맡

아서 협력하면서 마침내 읽을 수 있게 돼. 다시 말해서 읽기를 많이 할수록 뇌의 여러 부위의 시냅스 연결이 폭발적으로 증가한다는 거야. 전 세계 다양한 분야에서 성공한 사람들이나 부자들이 공통적으로 책을 많이 읽은 데는 다 이유가 있었던 거야.

책을 읽고 글을 쓰면 단순히 아는 게 많아지는 것뿐만이 아니라, 지능 자체가 높아져. 실제로 지능에 심각한 문제를 안고 태어났지만 천재가 된 사람들은 의외로 많아. 칼 비테라는 법학자는 어린 시절 발달장애가 심해서 저지능 판정을 받았거든. 그런데도 그는 전 세계에서 가장 어린 나이(12살)에 철학 박사 학위를 받았고, 6개 국어에 능통한 전설적인 법학자가 되었지. 다운증후군으로 태어나 중증 장애자로 판정 받은 제니퍼라는 아이는 5년 후 IQ 111이라는 결과를 얻었고, 전미 우수학생회 회원이 되어있어.

이 사람들은 어떻게 치명적인 지적 장애를 극복하고 '천재'가 될 수 있었을까? 다름 아닌 독서 덕분이었어. 이들 부모님은 어렸을 때부터 매일 많은 책을 읽어 주었고, 커 갈수록 스스로 책을 읽을 수 있도록 도와주었지. 비테의 아버지가 쓴 책《칼 비테의 자녀교육법》에는 그 과정이 잘 나와 있어. 제니퍼의 부모님 역시 매일 10권 이상의 책을 읽어 주었다고 말했어.

읽고 쓰면 후두엽, 측두엽, 두정엽, 전두엽, 편도체가 광범위하게 연결되어 작동하게 돼. 더 많이 읽고 쓸수록 시냅스 연결은 폭발적으로 늘어나서 여러 방향으로 더 굵고 촘촘한 연결을 만들어 내지. 뇌세포 간에 정보 전달이 더 넓게, 더 빠르게,

더 정확하게 이루어진다는 말이야. 앞서 살펴본 수능 만점자들의 공부 비결이나, 칼 비테와 제니퍼가 장애를 극복할 수 있었던 비결은 같아. 독서를 통해서 뇌 속의 연결이 더 풍성해졌고 지능이 높아졌던 거지.

TV나 인터넷, 게임은 어떨까? 오히려 독서할 때보다 게임할 때 훨씬 집중하니까 우리의 뇌를 개발하는 데 도움이 되지 않을까 싶으니? 안타깝게도 그렇지 않아. TV를 보거나 게임할 때 뇌는 반자동 상태가 되는데, 게임이나 TV를 볼 때의 집중력을 '수동적 집중력'이라 부르는 이유는 이름만 집중력일 뿐 오히려 '피집중'에 가깝기 때문이야.

우리에게 필요한 집중력은 우리가 원하는 대상에, 원하는 때에 집중하는 '적극적 집중력'이잖아. 게임이나 TV의 높은 자극에 익숙해지면 공부 같은 약한 자극을 지루해하고 점점 더 강한 자극을 찾게 되거든. 게임에 중독된 친구일수록 수업에 집중하지 못하는 것도 바로 이 이유야. 적극적인 집중력은 자극이 약한 대상에도 집중할 줄 아는 능력이야. 시험 공부를 하느라 졸린 눈을 비벼가며 정신을 쏟는 상태가 바로 적극적 집중력이 최고에 이른 모습이지.

재미 있으면서 집중력을 키울 수 있는 가장 간단하면서도 효과적인 방법이 바로 책 읽기야. 책 속의 이야기는 재미있지만 내가 원하는 만큼만 읽고 언제든 탁 덮고 나올 수 있어. 통제가 가능해. 자극적인 즐거움만을 주는 게임이나 인터넷이 중독을 일으키는 것과는 참 다르지. 독서를 좋아하는 사람들은 대부분 집중력이 높아. 몰입하는 힘이 크다는 건데, 집중력이 높은 사람은 공부를 하건, 사업을 하건, 예술을 하건 자기 분야에서 남다른 성취를 이뤄 내지.

문해력의 효과는 실제로 엄청나. 문해력은 단순히 잘 읽고 잘 쓰는 길 넘어서 지능을 높이고 집중력을 키워 줘. 더 똑똑하고, 더 능력 있는 사람, 뭘 해도 성공하는 사람으로 만들어 주지. 앞으로 이 책을 읽으면서 성공한 사람들 중에 거의 대부분이 독서나 글쓰기를 좋아한다는 사실을 확인하게 될 거야.

인터넷과 영상이 있는데 굳이 책이어야 하나요?

코로나19 때문에 대부분 비대면으로 수업을 하다가 2년 만에 삼촌이 한 고등학교에서 대면 교육을 하게 되었을 때의 일이야. 오후 시간이라 밥을 먹고 피곤했던지 몇몇 학생들의 눈빛이 흐리멍덩했어. 꾸벅꾸벅 졸거나 아예 엎드려서 자는 친구도 있더라. 몇 년 전에 같은 학교에서 수업할 때와는 분위기가 조금 다르더라고. 덩달아 삼촌까지 축축 늘어지는 수업이었지.

잠시 후 수업 보조 자료 영상을 하나 틀어 주었어. 3분 남짓한 짧은 영상이었는데 그때 어떤 일이 일어났는 줄 아니? 엎드려 있던 학생들이 일어나 자세를 바로잡고 눈을 반짝이기 시작하더라. 순식간의 변화였어. 그런데 영상이 끝나자마자 다시 눈빛이 흐려지더라고. 이후에도 영상을 틀면 눈이 반짝이고, 말을 하면 다시 졸고. 정말 기분이 이상했어. 그렇게 강의가 끝났고, '내가 강의를 잘못한 건가…' 싶어서 자책했지. 그런 내 모습을 보고 사서 선생님께서 이렇게 말씀하셨어.

"지금 이 친구들이 뽀로로 1세대라서 그럴 거예요. 영상에 더 익숙해서요."

애니메이션 〈뽀로로와 친구들〉이 2003년에 시작했고, 아이폰이 2007년에 나왔으니까 지금의 청소년들은 어렸을 적부터 부모님의 스마트폰으로 뽀로로를 시청했던 세대더라고. 영상에 익숙해서인지 강의를 듣거나 책 읽는 걸 힘들어하는 청소년들이 많은 것 같아. 자신의 생각을 조리 있게 말하거나 글로 쓰는 능력이 조금 부족한 세대라는 교육 전문가들의 평가도 있지. 학교에서 과제를 내주면 스스로 답을 찾거나 창작하기보다는 인터넷의 정보를 가져가다 내용만 조금 고쳐서 제출하는 경우도 많다고 들었어.

인터넷 시대, 속도가 놓치는 함정들 ✏️

일본의 한 교수님이 대학생들을 상대로 실험을 했어. 학생들을 두 그룹으로 나누어서, 한 그룹은 인터넷 검색으로 보고서를 쓰게 했고, 한 그룹은 도서관에서 가서 책을 활용해 보고서를 쓰도록 했지. 아주 짧은 시간만 주고 말이야. 둘 중 어떤 그룹의 보고서가 더 점수를 잘 받았을 것 같니?

짧은 시간에 책을 읽고 정리하는 건 힘든 일이니까 짧은 시간이 주어졌을 때 도서관에 간 그룹이 불리할 것 같지만, 오히려 결과는 반대였어. 책 속의 지식을 참고해서 자기만의 주장을 펼치니 좋은 점수를 받았던 거야. 반대로, 인터넷 검색으로 보고서를 작성한 그룹은 다른 사람이 써 놓은 정보들을 짜깁기한 내용이라서 좋은 평가를 못 받았지. 그런데 더 놀라운 점은 그 이후의 일이야. 몇 달 후 보고서 내용으로 시험을 봤는데, 어떤 그룹의 점수가 더 높았을까? 놀랍게도 도서관에서 책을 찾아보며 보고서를 쓴 쪽이 월등하게 높았어.

삼촌은 이 실험이 '인터넷의 정보'와 '책 속 지식'의 차이를 보여 준다고 생각해. 인터넷 정보를 많이 접할수록 손쉽게 정보를 파악할 수는 있지만, 집중력이나 기억력이 떨어지게 돼. 언제든 필요한 정보를 쉽게 찾을 수 있다고 생각하기 때문에 집중해서 보지 않는 거지. 또한 정보의 양이 너무 많아서 어느 것이 옳은 것인지 판단하기가 쉽지 않고 말이야. 게다가 인터넷 검색으로는 답에 이르는 시간이 너무 짧기 때문에 호기심이 숙성될 시간이 부족해. 그래서 하나의 지식에 집중하지 못하고 새로운 정보를 계속 찾기만 하느라 사고력(생각하는 힘)이 둔화되는 거지.

삼촌한테도 그런 비슷한 경험이 하나 있는데, 몇 년 전에 부모님을 모시고 태국에서 한 달 살기를 했을 때의 일이야. 차를 렌트해서 다녔는데 일주일 정도 지났을 때부터 조수석에 타고 계시던 아버지가 자꾸 잔소리를 하시는 거야. "내비게이션에 나온 길보다 이쪽으로 가야 더 빠를 거다", "직진 말고 우회전해야 안 막힌다" 이렇게 말이야. 나는 어이가 없었지. 겨우 일주일을 태국에서 지낸 아버지가 내비게이션보다 길을 더 잘 아신다는 게 말이 안 되잖아. 하루는 "아버지 내기하실래요?" 하고 도발을 했지. 그러자는 말씀에 아버지가 알려 주시는 대로 내비게이션 안내의 반대쪽 길로 갔는데 웬걸, 예상 시간보다 10분이나 단축된 거야. 정말 의외였어.

어떻게 아버지는 고작 일주일을 지낸 곳의 지리를 훤히 아셨던 걸까? 이유는 '의존성' 때문이었어. 삼촌은 운전을 시작할 때부터 늘 내비게이션의 도움을 받아서 운행했지만, 아버지가 한창 운전하셨을 때만 해도 내비게이션이란 게 없었거든. 어딘가를 가야 할 때면 지도를 보고 주위 건물들을 확인해 가면서 운전했던 '생각 습관'이 남아 있었던 거지. 스스로 찾아다니다 보니 공간 인지력이 개발된 거야. 그래서 고작 일주일을 다녔음에도 내비게이션보다도 효율적인 길을 찾는 '감'을 가지고 계셨던 거지.

GPS의 발달은 우리가 빨리 길을 찾을 수 있게 해 주었지만, 삼촌처럼 내비게이션에만 익숙해지면 방향 감각이나 공간 인지력 같은 능력은 점점 퇴화되지. 마찬가지로 인터넷은 우리가 정보를 쉽게 얻도록 해 주지만, 링크와 하이퍼텍스트로 이어진 정보를 따라 흘러 다니는 데만 급급하다 보면 스스로 생각하는 힘은 약해지지.

사람들은 인터넷 검색으로 나온 정보를 사실상 정확하게, 그리고 꼼꼼히 읽지 않아. 인터넷 기사를 읽을 때 사람의 눈동자를 따라가 보면 제목과 첫 문장, 단락의 첫 문장 위주로 본 뒤에 다음 정보로 바로 넘어가 버리지. 책을 읽을 때도 그런 식으로 발췌독을 하거나 다른 사람들의 독서 리뷰 영상을 보는 것으로 독서를 대신하기도 해.

하지만 이런 식으로 정보를 읽으면 자신의 생각이 아니라 2차 가공된 영상 제작자의 생각을 비판 없이 그대로 받아들이게 돼. 일방적으로만 받아들이니까 중간에 '내 생각'이 들어설 공간이 없지. 그건 진짜 독서가 아닌 콘텐츠 '소비'에 불과해. 먹방이 실제 식사가 아닌 것처럼, 읽어도 책 속의 영양분을 빨아들이지 못하지. 이런 식으로 대충 훑고 지나가며 보는 것은 '많이 안다'는 착각만을 일으킬 뿐이야. 가장 위험한 착각이지.

'미디어 리터러시' 전에 '리터러시'부터 ✎

그럼 인터넷을 아예 하지 말아야 할까? 물론 그러라는 의미는 아니야. 다만, 정보를 얻을 때 인터넷과 책의 균형을 잡아야 한다는 거지. 통계에 따르면, 우리나라 청소년들은 하루에 평균 4시간 정도 인터넷(스마트폰 포함)을 하지만 하루 평균 독서 시간은 10분이 채 안 되고 있어. 정보를 수집하는 방법에 있어 불균형이 얼마나 심각한지 알겠지?

물론 인터넷을 통해서 책 못지않은 지식을 얻을 수 있어. 정보 검색의 속도와 편리성 측면에서 책은 스마트폰의 적수가 못 되지. 하지만 그 이유 때문에 우리는 독서의 즐거움을 점점 잊어버리고 있어. 책은 지식을 얻기 위해서만 읽는 게 아니야. 오히려 건강한 독서는 꽁꽁 얼어붙은 내 안의 편견을 깨는 '도끼'와 같지. 책을 통해 나 자신도 모르게 자리 잡은 선입견을 부수고, 마음을 열어 나와 정반대로 생각하는 사람들의 의견을 이해할 수 있어.

인터넷은 장점도 많지만 매우 큰 단점이 있어. 바로, 자신과 다른 생각을 차단하는 경향이 있다는 거야. 인터넷 정보 검색은 나의 선입견을 깨기 위해서가 아니라, 내 주장을 뒷받침하기 위해 활용될 때가 많아. SNS는 수평적인 소통을 표방하고 있지만, 실제로는 '끼리끼리 모이는 공간'으로 변질되어 버렸어. 알고리즘 추천으로 나와 생각이나 관심사가 비슷한 사람들하고만 연결되고, 나와 생각이나 관심사가 다른 사람은 클릭 한 번으로 쉽게 차단하면 그만인 거지. 그래서 점점 듣고 싶은 말만 듣고, 나와 다른 생각은 전혀 듣지 않게 되어 버려. 요즘 온라인에서 토론이 종종 싸움으로 번지고, 가짜 뉴스들이 난무하는 이유가 이러한 SNS의 특징 때문이라고 생각해. 모두들 자기가 보고 싶은 정보만 긁어모은 채 상대의 말에는 귀를 닫고 있으니까.

그래서 요즘 '미디어 리터러시(media literacy)'라는 말이 화

두야. 여기서 '리터러시'는 문해력, 즉 읽고 쓸 수 있는 능력을 말하지. '미디어 리터러시'는 그러니까 각종 미디어 콘텐츠를 올바르게 해석할 수 있는 능력을 말해. 인터넷이라는 공간은 가짜 정보조차 확산시켜 버리기 때문이야. 가짜 뉴스들이 얼마나 판을 치는지 생각해 보렴. 미디어 리터러시는 정보의 홍수 속에서

스스로 팩트 체크를 통해 진짜 콘텐츠, 알짜배기 내용을 골라낼 수 있는 '선구안'의 능력을 말해.

그럼 어떻게 하면 미디어 리터러시를 기를 수 있을까? 무엇보다도 리터러시(문해력)부터 키워야 해. 읽고 쓰는 기술을 익히면 자연스럽게 가짜 콘텐츠를 판별해 내는 능력도 높아질 거야. 대부분의 미디어들도 '글'에 기반을 두기 때문이지. 예를 들어 많은 유튜버들이 '스크립트(대본)'의 중요성을 강조해. 디자인 관련 콘텐츠로 30만 명의 구독자를 보유한 유튜버 '존 코바'는 자신의 영상에서 이렇게 말했어.

"저는 대본 없이 촬영한 적이 단 한 번도 없어요. 그만큼 저는 '준비된 연기자'라는 거죠. 물론 영상이 대본대로 100퍼센트 만들어지지는 않지만 러프하게라도 대본을 작성해야 콘텐츠에서 불필요한 부분을 덜어낼 수 있고, 논리적인 흐름도 확실해지죠. 쓸데없는 말도 줄어들면 말실수도 덩달아 줄어들고요."

삼촌은 'KAIST진로삼촌'이라는 틱톡 채널과 '인디워커'라는 유튜브 채널을 운영하고 있어. 일주일에 두세 편 이상 꾸준히 촬영하고 업로드하는 편인데, 지금까지 단 한 번도 대본 없이 촬영한 적이 없어. 그동안 9권의 책을 썼기 때문에 그 책의 내용 일부를 대본으로 바꿔서 이야기하는 방식이지.

정보 콘텐츠를 다루는 크리에이터 중에는 대본 없이 말하는 사람들도 있긴 해. 그 사람들은 대부분 그 분야를 오랫동안 깊이 공부한 경우야. 이미 머릿속에 지식과 정보가 탄탄히 쌓여 있는 거지. 그러니 결국 깊이 공부하고 이해했느냐가 핵심이야.

네게 익숙한 동영상과 인터넷은 대부분 '글'을 기반으로 하고 있을 거야. 그러니 그런 매체들의 단순한 소비자가 아니라 창작자가 되어 보고 싶다면 무엇보다 문해력을 갖춰야 해. 읽고 쓸 줄 아는 사람만이 제대로 된 콘텐츠를 알아볼 수 있고, 깊이 있는 콘텐츠를 창작할 수 있으니까.

너는 그저 콘텐츠를 돈을 내고 소비하는 사람이 되고 싶니, 아니면 창작하는 진정한 크리에이터가 되고 싶니?

책 많이 읽고도
성공 못한 사람
많잖아요?

삼촌이 얼마 전 경남 합천을 여행할
때 해인사에 갔었어. 해인사에 무엇이 보관되어 있는지 알지? 그
래, 팔만대장경. 8만여 개의 목판에 새겨진 글자는 5천만 자가
넘지. 격자 사이로 차곡차곡 포개져 있는 목판들을 보고 있노라
니 이런 생각이 들더라. '왜 그렇게 정성을 들여 부처님 말씀을
글자로 옮겼을까?' 스님 30여 분이 무려 16년에 걸쳐서, 그것도
목판에 글자 하나를 새길 때마다 세 번씩 절을 해 가면서 말이야.

그 질문에 대한 답은 구경을 마치고 계단을 내려오면서 자
연스럽게 알게 되었어. 올라갈 땐 몰랐는데 내려오면서 보니 부
처님을 모신 법당이 팔만대장경이 있는 장경각 아래에 놓여 있

더라고. 보통 사찰에서 불상은 가장 높은 건물에 위치해. 그만큼 부처님의 존재가 가장 중요하다는 의미겠지. 그런데 해인사에서는 부처님 위에 팔만대장경을 둔 거야. 왜 그랬을 것 같니? 아마도 부처님이 남긴 말씀이 더 중요하다는 의미일 거야. 부처의 육신은 사라졌지만 그의 생각과 말은 문자로 남아 사람들을 일깨우고 있기 때문일 테지.

불경뿐만 아니라 성경이나 코란 같은 성서들은 모두 수천 년 전부터 문자로 전해진 지혜야. 글이라는 수단이 없었다면, 그 가르침들이 현재까지 선해질 수 있었을까? 그리고 그렇게 몇천 년간 인간에게 삶의 지혜를 가져다주었던 글이라는 수단을 단지 몇십 년 전에 개발된 영상이나 사진으로 대체할 수 있을까? 삼촌은 미디어가 전달할 수 있는 지혜는 한계가 분명 있다고 생각해.

질 수밖에 없는 싸움을 이기는 힘은 어디서 나오나?

《삼국지》에서 가장 뛰어난 전략가인 제갈량을 알고 있니? 유비가 제갈량을 얻기 위해 관우, 장비와 함께 세 번 그의 초가집을 찾아갔다가 퇴짜를 맞은 일화는 유명하지. 어렵게 세상 밖으로 나온 제갈량은 그때부터 물고기가 물을 만난 듯 온갖 지략과 술수로 천하를 쥐락펴락해. 그런데 이전까지 전투 경험도 없고, 그렇다고 검법을 익힌 것도 아닌데 그가 온갖 병법을 다 구사할 수 있었던 이유는 무엇일까? 제갈량은 등용되기 전 초가집에 앉아 몇 년간 독서를 했어. 그때 책을 통해서 전쟁을 간접적으로 배워서 폭넓게 전략을 구사할 수 있었던 거지.

임진왜란에서 열두 척의 배만으로 일본군의 배를 전부 수장시켜 버린 이순신 장군 역시 칼보다는 책을 사랑한 사람이었

어. 원래는 유학을 공부하던 선비였지만 뒤늦게 무과로 전향해 장군이 되었지. 7년간의 임진왜란 중에도 책과 붓을 놓지 않았기에《난중일기》가 나오게 되었고 말이야.

이순신 장군을 보좌했던 이분(李芬)이라는 사람은 장군에 대해 이렇게 기록했어.

"때때로 손님과 한밤중까지 술을 마셨지만, 닭이 울면 반드시 일어나 촛불을 밝히고 앉아 책과 서류를 보았다."

이순신 장군은 매일 책을 읽고 글을 썼기에 수적으로 열세였던 전쟁을 이길 수 있었던 거야. 글이 가진 힘이지.

소양이 쌓일 뿐 돈 버는 일엔 도움이 안 된다?

앞서 예를 든 건 모두 옛날 사람들의 이야기라고? 아니, 현대에도 마찬가지야. 성공한 사업가들이나 정치가들 중에 책을 읽지 않는 사람은 거의 없어. 앞서도 말했듯 아마존의 제프 베이조스나 구글의 래리 페이지, 마이크로소프트의 빌 게이츠, 페이스북의 마크 저커버그 등, 우리에게 매우 유명한 기업인들 모두 독서광으로 알려져 있거든. 영화감독 스티븐 스필버그, 방송인 오프라 윈프리 등 세계적으로 성공한 사람들은 공통적으로 책을 사랑하지. 왜 책 읽는 사람들이 성공할까? 책은 우리에게 질문을 던지고 답을 찾아가도록 도와주거든. 독서가들이 문제 해결 능력이 좋은 것도 이런 이유야.

8개의 사업체를 가진 사업가이자 유명 유튜버인 '자청(자수성가 청년의 줄임말이래)'은 특이한 이력을 가졌어. 그는 어린 시절에 외모 콤플렉스가 너무 심해서 하루 종일 방에만 처박혀 애니메이션을 보거나 게임만 하던 '히키코모리'였거든. 20대 중반까지 대학도 가지 않고 취직도 안 한 채 방에서만 보냈다고 해. 그러던 어느 날 아는 사람들과 포커를 치러 갔는데 한 번도 이기지 못하고 계속 졌어. 너무 분한 마음에 도서관에서 포커에 대한 책을 몇 권 읽고 일주일 뒤에 다시 갔지. 그날 놀랍게도 모든 경기에서 이겼어. 단순히 책을 읽고 전략을 따라 했는데 10년 동안 포커 친 사람들을 이겨 버린 거지. 그는 사람들에게 자신의 승리 비결(독서)을 알려 주었고, 일주일 후에 다시 쳤을 땐 더 이상 이길 수 없었대. 모두들 책을 읽고 고수가 되었으니까.

그때 깨달았대. 컴퓨터 게임처럼 인생에도 '공략집'이 존재

한다는걸. 그때부터 미친 듯이 책에 파고들기 시작했어. 처음엔 심리학 책을 읽다가 연애 상담사를 하게 되었고, 마케팅 책을 읽으면서 그걸 사업으로 발전시켰지. 이제 그는 자기 직업을 '라이프 해커'라고 불러. 컴퓨터를 해킹하듯이 쉽고 빠르게 성공할 수 있는 '치트키'가 바로 책이라는 걸 알려 주는 사람이라는 뜻이래. 한 인터뷰에서 자청은 이렇게 이야기했어.

"책은 성공할 수 있는 지름길이에요. 원래 성공하려면 밑바닥부터 시작해야 하잖아요. 그런네 책을 읽으면 그 작가가 몇십 년간 해 보면서 했던 실수들과 지식을 알고서 시작하는 거예요. 시작점이 80퍼센트 혹은 그 이상으로 단숨에 뛰는 거죠. 왜냐하면 대부분의 사람들은 한 분야에서 성공하기 위해 책을 파지 않기 때문에요. 마치 포커를 10년간 해 오던 사람에게 단지 일주일 책을 읽은 사람이 포커를 이길 수 있는 것처럼요."

책을 너무 고상한 것, 어렵고 복잡한 것으로 생각할 필요는 없어. 책이라는 건 먼저 살았던 사람들이 겪었던 시행착오를 단숨에 줄일 수 있는 '공략집'이야. 그걸 읽는다면 남들보다 훨씬 쉽게 성공할 수도 있고 행복해질 수도 있지.

책은 교양을 위해서만 읽는 게 아니라, 실제로 살아가는 데 엄청난 도움을 받을 수 있다는 걸 알았으면 해. 물론 책만이 그런 지혜를 전달해 주는 건 아니겠지. 인터넷이나 영상 같은 매체들도 우리의 시행착오를 줄여 주기는 할 거야. 그럼에도 불구하고 오랫동안 책이 사랑받은 이유는 책만이 가진 확실한 장점 때문이야. 다음 장에서 그것에 대해 이야기해 보자.

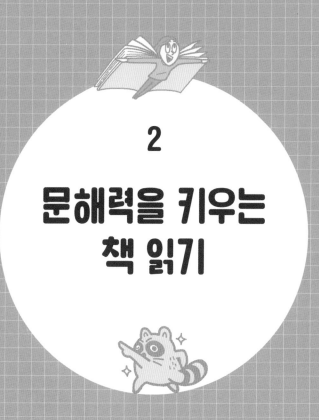

2

문해력을 키우는 책 읽기

책을 읽어도
기억이 하나도
안 나는 걸요

종종 이런 질문을 받곤 해.

"책을 읽을 땐 재미있고 유익한 것 같은데, 읽고 나면 한 줄도
기억이 안 나요. 심지어 몇 달 전에 읽은 책의 제목조차 가물
가물한 걸요. 이렇게 책을 읽고 남는 게 별로 없는데도 책을
계속 읽어야 하나요?"

실제로 삼촌도 읽었지만 내용이 하나도 기억나지 않는 책
들이 있어. 어쩌면 독서는 '가성비'가 떨어지는 활동 중 하나일
지도 몰라. 너는 어떻게 생각하니? 독서로 얻는 게 거의 없는데

도 책 읽기를 계속해야 할까? 삼촌은 그럼에도 불구하고 적어도 두 가지 이유에서 독서가 중요하다고 생각해.

독서의 힘: 사고력과 잠재의식 ✎

첫 번째 이유는, 앞서 말한 것처럼 독서가 '생각의 집중력'을 키워 주기 때문이야. 한 가지에 대해 깊이 생각할 수 있다는 것은 현내 사회에서는 아주 중요한 능력치거든. 너는 혹시 '생각한다'는 걸 정의할 수 있겠니? 우리는 무엇을 하고 있을 때 '생각한다'고 말하지? 단지 머릿속이 복잡한 것을 생각한다고 하지는 않잖아. 그럼 '생각'의 핵심 요소는 뭘까?

우선, 생각엔 분명한 '질문'이 있어. 예를 들어 '이번 여름방학에 무얼 할까?' 하는 질문을 통해 생각은 촉발되지. 그리고 '그래, 친구랑 둘이서 여행을 떠나 보는 거야!' 하고 그 질문에 대답하는 과정이 바로 생각이야.

그러다가 '그럼 어디를 가지?' 하고 생각이 옆길로 새는 경우들이 있어. '예전에 친구랑 근처에 놀러 갔다가 크게 싸웠었지. 그 녀석이 그렇게 말하지만 않았어도…' 하는 식으로 흘러가 버리면 점차 처음의 질문은 흐려지고 생각은 허우적대기 시작해. 이처럼 명확한 질문 없이 떠오르는 생각이나 과거의 경험, 또는 그저 흘러가는 머릿속의 말을 따라가는 경우를 우리는 '잡생각'이라고 표현하지.

그러니까 생각은 분명한 질문을 품고 답을 탐구하는 과정을 의미해. 즉 생각을 정의하면 '질문과 답의 결합체'라 할 수 있어. 책은 우리에게 중요한 질문을 던지고 그 답을 찾아가는 과정을 보여 주지. 그래서 책을 읽으면 저절로 질문하고 답하는 '생각의 힘'이 키워지는 거야. 어떤 분야든, 성공한 사람 중에 독서가가 많은 이유가 바로 여기에 있어. 책을 읽었는데 한 줄도 기억에 남지 않는다 하더라도 괜찮아. 내가 모르는 사이에 책을 통해 질문하고 답을 발견하는 사고력을 자연스레 훈련하게 되니까.

사실, 기억에 안 남아도 책을 읽어야 하는 더 중요한 이유가 있어. 책 속의 문장이 '잠재의식'에 저장되어서 행동에 영향을 미치기 때문이야. 이게 무슨 말이냐고? 인간의 뇌 속에는 우리가 언제든 쉽게 떠올릴 수 있는 부분(의식)도 있지만, 우리가 기억하지는 못해도 이미 저장되어 영향을 미치는 부분(잠재의식)이 있는데, 이것이 훨씬 커. 아주 어린아이였을 때 겪었던 충격적인 일들, 예를 들어 부모님이 크게 다투시던 장면은 잠재의식에 저장되어서 정서 발달과 성격에 큰 영향을 미치지. 심리상담에서 어린 시절의 기억을 떠올리게 하고, 그때의 감정을 보듬는 이유도 잠재의식에 들어간 기억이 우리가 살아가는 데 엄청난 영향을 미치기 때문이야.

책도 마찬가지지. 좋은 책은 독자를 감전시켜서 잊을 수 없는 무언가를 잠재의식에 새겨. 그렇게 각인된 것들이 우리가 의식하지 못하는 이면에서 작동하면서 계속 영향을 미치지.

삼촌은 상의하면서 종종 이런 경험을 하곤 해. 사람들에게 이러저러한 경험을 이야기하다가 툭 하고 아주 멋진 문장 하나를 말하는 거야. 청중들이 감동하는 게 느껴지는 그런 멋있는 문장 말이야. 속으로 '와, 내가 이런 멋진 표현을 하다니!' 하고 감탄하지. 그런 문장은 꼭 기억해두었다가 다른 강의에서 또 써먹곤 해. 그러한 나만의 '인생 멘트'가 제법 많아.

그런데 어느 날 예전에 읽었던 책을 뒤적이다가 정말 깜짝 놀랐지. 내 '인생 멘트'와 똑같은 문장이 책에 적혀 있는 거야. 그 문장 아래에는 물결무늬 밑줄이 쳐져 있고, 별표 세 개도 매겨져 있었어. 그동안 내가 만들어 냈다고 철석같이 믿었던 그 말이 사실은 예전에 읽었던 책 속의 문장임을 알게 되었지.

그 순간 부끄러운 마음이 들면서도 동시에 독서가 가진 보이지 않은 힘에 감탄하게 돼. 책의 전체 내용은 기억나지 않지만, 그중에 큰 감동을 주었던 한 문장만큼은 영혼에 새겨져서 알게 모르게 튀어나오니까.

삼촌은 책을 읽는 것은 '좋은 문장을 얻는 것'이라고 생각해. 책 속의 모든 문장이 아니라, 내 마음에 콕 박힌 한두 개의 문장이 인생을 바꾸니까 매우 귀한 경험인 거야. 삼촌은 좋은 문장이란 내 마음속에 희미하게나마 이미 있었던 것, 하지만 콕 집어 표현하지 못했던 것을 환하게 일깨워 주는 문장이라고 생각하거든. 또한 책의 중요한 문장을 일부러 기억하려고 노력하는 것도 매우 중요하고 말이야. 왜냐하면 그 문장을 발판으로 생각을 확장할 수 있거든.

KAIST에서 토목공학을 전공했던 삼촌이 지금은 전혀 다른 일을 하고 있는 것도 사실 책에서 읽은 한 문장 때문이었어. 구본형 선생님의 책에서 만난 한 문장 때문에 형에 대한 나의 열등감을 발견할 수 있었고, 그때부터 내가 원하는 길을 찾기 시작했거든.

가슴팍에 박힌 한 문장에는 인생 전체를 바꿀 수 있는 힘이 있단다. 그래서 삼촌은 철학자 니체의 이 말을 무척 좋아해.

그 하룻밤,

그 책 한 권,

그 한 줄로

혁명이 가능해질지도 모른다.

— 프리드리히 니체

'남는 게 없는 장사'처럼 보이는 독서는 알게 모르게 우리의 사고력과 잠재의식을 키워 줘. 그리고 그 영향력은 사실 어마어마하지.

책 내용을 잊지 않는 꿀팁들 🖋

책의 내용을 머릿속에 오래 남게 하려면 어떻게 해야 할까? 삼촌이 오랜 시간 독서하면서 알게 된 노하우를 전수해 줄게. 너무 복잡하지 않은 방법들이니 이 중에서 한두 가지를 습관으로 만들어 보렴.

① 밑줄과 별표

삼촌은 책을 너무 깨끗하게 읽으면 머릿속도 깨끗해진다고 믿어. 그래서 책을 신줏단지 모시듯 애지중지하며 깨끗하게 읽는 사람을 잘 이해하지 못해. 책의 핵심은 그 안의 내용에 있잖아. 그걸 쉽게 꺼내 쓰려면 여러 가지 표시를 해 두는 게 좋다고 생각해. 내가 읽었던 책들을 보면 밑줄과 물결무늬, 별표 등의 표시로 지저분해. 이 밑줄과 별표 중심으로 나중에 다시 읽으면, 이게 큰 도움이 돼.

② 인덱스

나중에라도 꼭 다시 찾아서 읽고 싶은 내용에는 인덱스를 붙여. 문구점에서 파는 접착식 인덱스 알지? 너무 큰 것보다는 폭이

좁은 인덱스가 책 내용을 가리지 않아서 좋아. 붙일 때 인덱스 끝이 너무 튀어나오게 붙이면 끝이 구부러져서 보기 싫으니까 2밀리미터 정도만 나오게 붙이면 돼. 나는 보통 세 가지 색깔의 인덱스를 사용하는데 파란색은 책의 핵심 메시지, 노란색은 사

례와 이야기, 빨간색은 메시지든 이야기든 책을 통틀어 가장 감동적인 부분에 붙이지. 책을 다 읽고 나면 빨간색 표시만 훑어봐도 책 전체 내용과 감흥이 지속돼.

③ 핸드폰 카메라

이건 몇 년 전부터 하기 시작했는데, 아주 효과가 좋아. 책에서 감동적인 부분에 밑줄을 긋고 핸드폰 카메라로 사진을 찍어 두는 거야. 그러면 알게 모르게 반복해서 보게 돼. 삼촌은 엘리베이터 안에 모르는 사람이 탔을 때나 친구를 기다리고 있을 때 핸드폰의 사진첩을 들여다보거든. 그때 이 문장들을 하나하나 다시 훑어보고 의미를 되새기는 거지. 좋은 문장들은 우리에게 힘을 주고 생각할 거리를 던져 주기 때문에 이걸 습관화하면 조

금 더 알차게 하루를 보내려고 노력하게 돼.

④ e북의 책갈피와 독서 노트 기능

만약 전자책을 읽게 된다면 책갈피나 하이라이트 기능을 활용해 봐. 클릭 한 번이나 길게 누르는 것만으로도 바로 표시가 되는데, 그렇게 간단히 표시된 것들은 '나의 독서 노트' 같은 곳에 따로 차곡차곡 모아서 나중에 따로 읽어볼 수도 있어. 리디북스(ridibooks) 같은 곳에서는 '나의 독서노트'에 발췌한 것들을 복시해서 다른 곳에 붙여 넣기할 수 있도록 허용하기 때문에 책 리뷰를 쓸 때 무척 편리하지.

⑤ 글쓰기

책 속의 문장들을 활용해서 글을 한 편 써 보는 것 역시 기억을 위한 좋은 방법이야. 전문적인 칼럼을 쓰라는 게 아니니까 부담은 갖지 마. 노트에 좋았던 문장들을 옮겨 적고 그게 왜 좋았는지, 어떤 느낌이나 생각이 떠올랐는지를 일기 쓰듯 적으면 돼.

문장 속의 단어 몇 개를 치환해서 전혀 다른 문장을 만들어 볼 수도 있지. 그러면 자연스럽게 좋은 문장의 구조를 체득하게 돼. 좋은 작가는 이런 식으로 다른 작가의 문장을 자기 방식으로 소화해 더 멋진 문장을 만들어 내기도 하거든.

어때? 소개한 다섯 가지 방법들이 어렵지 않지? 이 중 나에게 맞는 방법을 사용해서 좋은 문장을 기억해 보렴. 그러면 그 문장이 네 마음 깊은 곳으로 들어가게 될 거야. 이런 문장과의 만남은 인생의 스승을 만나는 것만큼이나 큰 축복이지. 언제 어디서든 인생의 축복에 참여할 수 있다는 것, 그게 독서가 주는 가장 큰 유용함이 아닐까?

책 읽는 게 너무 재미없어요

너는 어떤 음식을 좋아하니? 햄버거, 치킨, 피자 같은 패스트푸드? 아니면 떡볶이나 불닭, 짬뽕 같은 자극적인 음식? 회나 해산물은 어떠니? 비빔밥이나 두부 같은 건강 요리는?

삼촌은 오랫동안 요리를 해서 맛에 민감한 편이야. 요리 학원도 1년 넘게 다녔고, 10년째 집에서 요리를 하고 있으니 이제는 웬만한 요리는 뚝딱 만들어 내지. 요리를 처음 배울 때는 고기 요리 위주로 만들었는데 요즘은 채소와 해산물 중심으로 식단을 바꿨어. 왜인 줄 아니? 요리를 하면 할수록 채소나 야채가 얼마나 맛있는지를 알게 되거든. 처음엔 맹숭맹숭하지만 오래 음미할수록 깊은 맛이 난다고나 할까? 반면에 패스트푸드 같은 기름지고 단 음식들은 '첫 입'은 맛있지만 먹을수록 느끼하고 물리는 것 같아. 건강에도 좋지 않고 말이야.

뭐든지 오래 보아야 아름답다 ✏️

얕은 맛은 달고 기름지고 자극적인 맛, 그러니까 음미하지 않아도 바로 혀 안으로 치고 들어오는 맛이라 할 수 있지. 사실 어린 아이들도 이런 맛들은 대번에 맛있는 줄 알지. 달고 기름진 음식에 길들여진 사람을 '초딩 입맛'이라고 부르는 이유야.

반면 깊은 맛은 익숙해지기까지 시간이 걸려. 삼촌은 요즘 두부에 푹 빠져 있어. 어렸을 적엔 두부를 싫어했었는데 마흔 살이 넘으니까 두부가 좋아지더라. 특히 초당 순두부는 별다른 양념 없이 간장만 넣어 먹는 걸 좋아해. 음미할수록 고소함이 느껴지거든.

맛뿐만이 아니라 아름다운 모든 것들이 진가를 알아보는 데까진 시간이 필요해. 클래식 음악도 그렇고, 시도 그렇고, 꽃도 그래. 그 속에 담긴 깊은 맛과 즐거움, 재미를 알기까지 꽤 시간이 필요하지. 어른들이 힙합이나 랩 음악을 소음처럼 느끼는 건, 기호의 차이도 있겠지만 그 깊이를 느낄 때까지 충분히 겪어 보지 않았기 때문이기도 해.

책은 예외일까? 아냐, 책도 똑같아. 익숙해지기만 하면 이만한 재미도 없거든. 영화 중에 소설을 원작으로 한 영화들이 많잖아. 그런데 그런 영화가 개봉되고 나면 사람들이 영화평으로 많이 남기는 말이 "원작보다 훨씬 못하다"는 것이지. 연출이나 연기가 아무리 뛰어나도 원작을 뛰어넘는 영화를 만나기란 참 어려운 일인 것 같아. 영화는 원작 속에 담긴 의미나 감정을 다 느끼기도 전에 화면이 지나가 버리지만, 책은 마음속 깊이 의미와 감동을 새길 시간을 충분히 제공해 주거든. 삼촌은 얼마 전 〈안나 카레니나〉라는 영화를 보고 너무 좋아서 톨스토이의 원작을 찾아 읽었는데, 소설로 읽고 나니 영화가 좀 시시하게 느껴지더라고. 너도 언젠가 이런 걸 느끼게 될 날이 있을 거야.

"책은 재미없어"라는 말보다는 "아직 책의 재미를 느껴 보지 못했어"라는 표현이 더 적절할 거야. 사실, 독서는 게임이나 유튜브만큼이나 재미있는 거야. 단지 게임은 그 즐거움이 즉각적이고, 책은 시간이 걸릴 뿐이지. 책에 푹 빠져서 밤을 지새운 경험을 한두 번 하게 되면 그때부터 책과 가까워지게 돼. "안 먹어 본 사람은 있어도 한 번만 먹어본 사람은 없다"라는 표현처럼, 누구든 책의 깊은 맛을 제대로 느끼고 나면 책을 가까이할 수밖에 없거든. 물론 책을 잘 골라야겠지만.

삼촌이 독서를 꾸준히 하는 비결이 뭔 줄 아니? '재미없는 책은 읽지 않는다'야. 간단하지? 아무리 비싼 돈을 주고 산 책이라도 조금 읽다 재미가 없으면 탁 덮어 버리고 다른 책을 읽어. 물론 책 중에도 얕은 책이 있고 깊은 책이 있지. 판타지 소설처럼 깔깔 웃으면서 '읽고 끝!'인 자극적인 책이 있고, 고전 소설처럼 음미할수록 깊은 맛이 나는 책이 있어. 처음엔 재미 위주로 책을 골라 읽어도 괜찮아. 책과 친해지는 게 먼저니까. 삼촌은 가능한 두 번째 책, 그러니까 오랫동안 곱씹을수록 재미를 느끼는 책을 골라. 많이 읽다 보니 자연스럽게 그런 책에 손이 가더라고.

책을 읽으면서 알게 된 건, 깊은 책들이 대부분 처음엔 조금 지루하다는 거야. 왜냐하면 이런저런 배경 설명을 해야 뒤에 이해하기 쉬우니까 앞부분에 설명이 많거든. 그래서 이런 책들은 보통 3분의 1 지점부터 엄청나게 재미있어지는 경우가 많지. 그래서 삼촌은 어떤 책이든 3분의 1까지는 억지로라도 읽어. 그런데 3분의 1이 지났는데도 여전히 재미가 없다? 그러면 책을 덮어 버리지. 그때까지도 내 마음을 움직이는 문장이 없었다면 앞으로도 그럴 확률이 높거든. 너도 그렇게 해 보렴. 책의 3분의 1 지점까지는 읽고 재미가 없으면 바로 다른 책으로 넘어가는 거야.

독서를 재미없게 만드는 함정들 ✏️

뭐든 마찬가지지만 '즐거움'이 없으면 지속할 수 없고 깊이 들어갈 수 없어. 무엇보다도 '재미'를 놓치지 말아야 해.

학교나 어른들이 말하는 독서는 이 재미를 앗아가 버리기도 해. 독후감을 꼭 써야 할까? 주제와 교훈을 한 문장으로 정리하라고? 글쎄… 삼촌은 그런 것들이 재미를 빼앗아 가고 있다고 생각해. 책과 가까이하려면 먼저 책 읽기를 재미없게 만드는 함정들을 잘 피해 가야 돼. 세 가지의 함정이 궁금하지?

독서를 재미없게 하는 첫 번째 함정은 의무감이야. 억지로 읽는 책만큼 즐거움을 앗아가는 게 또 있을까? 특히 많이 읽어야 한다는 의무감은 우리를 위축되게 만들어. 사실, 많이 읽는 건 중요하지 않아. 오히려 얼마나 깊이 있게 읽었는지가 중요하

지. 책 좀 읽는 사람들 중에 1년에 몇 권을 읽었는지 자랑하듯 떠벌리는 사람들이 있는데, 이런 자랑하기식 책 읽기는 오래 못 가. 권수에 집착하면 재미를 놓치기 때문이지.

1년에 50권을 읽는 게 중요한 게 아니라, 5권을 읽어도 나를 잠 못 들게 만든 문장을 만났느냐가 훨씬 중요해. 앞서도 말했듯, 사람을 바꾸는 건 책 전체가 아니라 한 문장이니까. 좋은 문장은 내 마음속에 이미 있었지만 콕 집어 표현하지 못했던 것을 환하게 일깨워 주지. 많이 읽는다고 해서 결코 좋은 문장을 얻는 게 아니야. 양보다는 질, 속도보다는 깊이가 훨씬 중요해. 나를 감동시키는 문장을 만나려면 내가 관심을 가지고 있는 주제나 분야를 깊이 읽어야 돼. 그러니 읽어야 한다는 의무감이 아니라 읽고 싶은 열정을 따라서 책을 골라야 하는 거야.

두 번째 함정은 '나는 이런 책도 읽을 줄 아는 사람'이라는 걸 과시하고 싶어 하는 허영심이야. 소화하기 어려운 책을 읽고는 친구들에게 삐기듯 자랑하는 친구들이 있어. 그런데 어려운 책이라고 해서 반드시 깊고 좋은 책은 아니야. 《어린 왕자》를 쓴 생텍쥐페리 같은 최고의 작가들은 깊이 있는 내용을 담고 있지만 아이들도 이해할 수 있게끔 쉽게 쓰지.

삼촌 친구들 중에 고등학생 때 어려운 책을 자랑하듯 들고 다니던 아이가 몇 명 있었어. 마르크스의 《공산당 선언》 같은 난해한 책들을 자주 언급하며 떠벌리듯 지식을 자랑하곤 했었지. 그런데 그 중에 지금까지도 독서를 즐겨 하는 친구를 거의 보지

못했어. 허영심 때문에 어려운 책을 읽으면 흥미가 점점 떨어져서 결국 독서에서 멀어지게 돼

세 번째 함정은 나만 뒤처지면 어쩌나 하는 불안감이야. 친구들은 다 읽은 책을 나는 읽지 않았다는 것 때문에 불안감을 느끼면 베스트셀러나 '서울대 추천 도서' 같은 유명한 책에 집착하게 돼.

베스트셀러(bestseller)는 베스트 북(best book)일까? 베스트셀러는 많은 사람들이 구입한 책일 뿐, 깊이 있는 내용을 보장하지는 않아. 마치 맥도널드 같은 세계적인 프랜차이즈들이 늘 건강하고 깊은 맛의 음식을 제공하지 않는 것처럼, 하버드대학교나 서울대학교의 추천 도서 목록도, 사실 교수님들이 뽑은 추천 도서라서 초심자가 읽기엔 어려운 책들이 많아. 그런 목록들을 맹목적으로 따라서 읽으면 재미를 느끼기도 전에 질려 버려. 차라리 내가 관심 있는 분야의 스테디셀러(steady seller)를 참고하는 게 더 좋아. 스테디셀러는 오랜 시간 꾸준히 팔린 책을 의미하는데, 이런 책들은 믿을 수 있거든. 그만큼 오랫동안 독자들이 그 책을 사랑했고, 그 책을 통해 변화했다는 걸 증명하니까.

의무감, 허영심, 불안감 때문에 시작하는 독서는 우리의 잠재의식에 '책은 재미없는 것'이라는 메세지를 새겨 넣어. 그러

면 결국 책 읽기를 오래 하지 못한 채 손쉬운 오락거리에 빠져 버리지.

좋은 책은 내 수준에 맞으면서 깊은 재미를 느낄 수 있는 책이야. 그런 책을 찾으려면 스스로 책을 고르는 방법을 터득할 필요가 있지. 책 고르는 꿀팁을 전수받고 싶다면 계속 이 책을 읽어 보면 좋겠어.

도무지
책 읽을 시간이
없어요

많은 학생들이 공부하느라 바빠서 책 읽을 시간이 없다고 말해. 삼촌도 그 말에 어느 정도는 동의해. 책을 제대로 읽으려면 적어도 1시간 정도 방해받지 않는 시간이 필요하니까 말이야.

그런데 우리 정말로 솔직히 말해 볼까? 아무리 바빠도 주말에 1시간 정도는 시간이 나잖아. 그럴 때 너는 책을 읽니? 아마도 아닐 거야. 게임하거나 TV를 보거나 친구들과 놀러 나가겠지. 그러니까 '책 읽을 시간이 없다'는 건 어느 정도는 핑계야. 시간이 없는 게 아니라 '책 읽기가 나한테 가장 중요한 일은 아니야'라고 말하는 게 더 맞는 표현일 거야. 독서는 시간의 문제가 아닌 '우선순위'의 문제라는 거지.

또 하나, 우리가 책을 안 읽는 이유는 바로 '환경' 때문이야. 현대에는 주의력을 분산시키는 자극적인 활동들이 너무 많으니까. 삼촌이 성공률 100퍼센트의 책 많이 읽는 방법을 아는데 알려 줄까? 이대로만 하면 한 달에 10권도 넘게 읽게 될 거야. 실제로 삼촌 말을 듣고 그렇게 변한 사람도 있거든.

방법은 아주 간단해. 딱 세 가지만 바꾸면 돼. 집에 TV를 없애고(혹은 부모님 방으로 옮기고), 인터넷을 해지하고, 핸드폰을 2G폰으로 바꾸면 돼. 삼촌이 도서관에서 2년간 책에 파묻혀 지냈을 때도 가장 먼저 한 게 바로 TV와 스마트폰을 없앤 거였어. 그러니까 자연스럽게 방해물들이 사라져서 책에 집중할 수 있더라고.

몇 년 전에 EBS의 한 다큐멘터리에서 집에 TV를 없앴을 때 사람들의 행동 패턴을 관찰 카메라로 담은 적이 있었어. 열 가족이 넘게 참여했는데, 시간이 지날수록 비슷한 패턴으로 행동하더라고. TV가 없어진 첫 주에는 대부분 거실을 왔다갔다 해. 무심코 바라보던 TV가 없어지니까 무얼 해야 할지 몰라서 배회하는 거지. 그러다가 둘째 주부터는 청소기를 들고 이곳저곳을 청소하기 시작해. 그제서야 지저분한 집 안 풍경이 눈에 들어오는 거지. 그리고 셋째 주에 접어들면 사람들이 거실에서 책을 읽어. 주변에 자극적인 게 없어지니까 책에서 재미를 찾기 시작한 거지.

물론 스마트폰이 보편화되기 전에 나온 다큐야. 지금은 TV보다 스마트폰을 많이 보니까 TV와 함께 스마트폰과 인터넷을 끊어야 해. 사람들은 자신의 의지보다 환경의 영향을 많이 받거든. '읽어야 해'라는 의지보다는 독서를 방해하는 환경을 바꿔 주는 게 가장 효과적이지.

그런데 솔직히 우리가 TV, 인터넷, 스마트폰을 없앨 수 있을까? 아마도 거의 불가능할 거야. 그 세 가지를 없애면 너무 불편할 테니까. 이처럼 환경을 바꾸는 일은 큰 결단 없이는 거의 불가능해. 게다가 책 읽을 시간을 내려고 나의 우선순위를 바꾸는 건 더더욱 어렵지. 사람의 가치관은 잘 바뀌지 않으니까 말이야.

그렇다면 바쁜 학교생활 중에 어떻게 해야 독서를 많이 할 수 있을까?

깐깐하게 고르고 틈틈이 읽는다 ✎

삼촌은 15년간 직장 생활을 하면서 책을 썼어. 바쁜데도 불구하고 어떻게 그럴 수 있었는지 알려 줄까? 삼촌의 비결은 두 가지야. 첫째, 책을 아주 깐깐하게 고른다. 둘째, 틈새 독서를 한다. 이 두 가지를 체득하면 바쁜 학교생활 가운데서도 가성비 높은 책 읽기를 생활화할 수 있어. 하나씩 이야기해 보자꾸나.

삼촌의 집에는 15칸(3×5) 짜리 책장이 총 6개 있어. 총 90칸인데, 한 칸에 20여 권의 책을 꽂을 수 있으니 대략 2천 권 정도를 가지고 있는 셈이지. 그 책들 중에서 삼촌의 인생을 바꿀 정도로 강렬한 책은 몇 권이나 될까? 삼촌은 좋아하는 책들만 따로 추려서 정리해 두었는데, 그게 딱 책장 한 칸이야. 20권 정도인 거지.

의외니? 평생 꽤 많은 책을 읽었는데, 삼촌의 생각을 근본적으로 바꾼 책은 20권 남짓이라니 너무 적다 싶지? 그건 뭘 의미하냐면, 좋은 책을 잘 가려서 골라낼 수만 있다면 적은 독서량으로도 얼마든지 큰 변화를 맞이할 수 있다는 거야.

미국의 100달러 지폐에 나오는 벤저민 프랭클린이라는 위인은 "많이 읽어라. 그러나 많은 책을 읽지는 말라"라고 말했어.

이게 무슨 말일까? 신중하게 고른 책을 여러 번 읽는 게 여러 권의 책을 읽는 것보다 훨씬 도움이 된다는 이야기야. 삼촌이 '인생 책'으로 골라 놓은 그 20권의 책들은 하도 많이 읽어서 너덜너덜하거나 책 옆면이 새카맣게 손때가 묻었지. 그렇게 읽은 책들이야말로 영혼에 깊이 새겨져서 우리의 인생을 극적으로 바꾸는 힘을 발휘해.

어떤 책을 어떻게 골라야 되는지는 다음 글에서 자세하게 다루게 될 거야. 지금은 일단 독서의 가성비를 높이려면 무엇보다도 책을 아주 깐깐하게 골라야 한다는 것만 알아두자.

퀵 러닝으로 틈새 독서 습관화하기 ✏️

좋은 책을 골랐다고 해도, 책 읽을 시간을 빼낼 수 없다면 아무 소용이 없을 거야. 바쁜 와중에 책은 언제 읽어야 할까? 내 경험담을 하나 들려줄게. 삼촌이 15년간의 직장 생활을 접고 처음 1인 기업가로 일하게 되었을 때 나 자신한테 굉장히 실망한 적이 있어. 1년 동안 읽은 책의 권 수를 세어 보니 오히려 직장을 다니며 틈틈이 읽었던 권 수보다 적은 거야. 혼자 일하면 시간이 많으니까 훨씬 많이 읽을 줄 알았거든. 그런데 아니더라고.

왜 그랬을까 곰곰이 생각해 봤어. 답은 하나였어. 바로 긴장감. 회사를 다닐 때는 '여기까지만 읽고 이제 일해야지', '지하철이 도착할 때까지 20분은 읽을 수 있겠다'라고 생각하면서 읽을 수 있는 시간이 한정되어 있다 보니 오히려 긴장감을 가지고 책에 몰입했어. 그런데 막상 시간이 많아지니까 긴장감이 풀려서 책 진도도 지지부진하게 되었던 거야.

틈틈이 읽을 때 오히려 집중해서 읽게 되고 기억에도 잘 남더라고. 그러니까 학교를 다니면서도 얼마든지 생산적인 독서를 할 수 있다는 걸 알아야 해. 학교 가는 버스를 기다리면서 5분, 점심 먹고 운동장 벤치에 앉아 10분, 주말에 친구를 기다리는 동안 10분, 침대에 누워서 자기 전에 20분, 이런 식으로 본인만의 책 읽는 패턴을 만들어 두는 게 중요해. 이런 시간들이 쌓이면 1년 후에 생각보다 많은 책을 읽어서 놀라게 될 거야.

정말 꿀팁을 하나 알려 줄게. 이 방법으로 삼촌은 1인 기업으로 독립한 후에 책 읽는 양을 획기적으로 늘릴 수 있었어. 강연 스케줄 때문에 전국을 운전해서 다니느라 바쁜데 어떻게 책을 읽었을까? 사실은 책을 읽지 않고 들었어.

혹시 전자책의 TTS(Text to Speech) 서비스를 알고 있니? 이

건 윌라(welaaa.com) 같은 오디오북 서비스와는 달라. 윌라는 성
우들이 책을 직접 읽어 주는 거라 선택할 수 있는 책의 종류가
너무 적어. 출판사에서 출간한 책 중 아주 일부만 오디오북으로
제작하니까. 그렇다 보니 내가 읽고 싶은 책은 오디오북이 없는
경우가 많지.

　　전자책의 TTS는 앱 자체에서 AI가 글자를 음성으로 변환
해서 읽어 주는 기능이야. 그래서 오디오북의 제작 여부와는 상
관없이 전자책으로 제작된 모든 도서를 들을 수 있어. 처음에는

기계음이 좀 어색하지만, 듣다 보면 금세 익숙해져. 사용법도 간단해서 스마트폰에서 e북을 구매해서 다운을 받고, '듣기' 버튼을 누르기만 하면 실행되지.

요즘은 출간되는 거의 대부분의 책들이 전자책(e북)으로 출간되고 있으니 고를 수 있는 선택의 폭이 아주 넓고, 종이책보다 가격이 20퍼센트 정도 싸니까 같은 금액으로 여러 책을 구입할 수 있어서 좋아. 조작도 간편한데, 마음에 드는 내용이 있으면 클릭 한 번으로 북마크해 두었다가 나중에 '독서 노트'로 따로 모아 볼 수도 있고, 타이머 기능을 활용해 침대에서 듣다가 잠들어도 되니까 걱정이 없지.

이렇게 틈틈이 책을 들으면 이동 시간이나 기다리는 시간 등 자투리 시간들이 살아나기 시작할 거야. 동기화 기능으로 어떤 기기에서도 읽던 페이지부터 이어서 볼 수 있으니까, 이동 중에는 스마트폰으로 듣고 집에 와서는 컴퓨터나 이북 리더기로 읽어도 돼.

조금 더 저렴하게 이용하려면 '밀리의 서재'나 'Yes24 북클럽', '교보SAM' 같은 전자책 정기 구독 서비스를 활용해 보는 것도 추천해. 대부분 월 1만 원도 안 되는 가격에 많은 책들을 볼 수 있거든. 인기 도서들 중에는 성우들이 읽어 주는 오디오북도

브랜드명	가격(무제한)	이북 재고 수	특징	첫 달 무료
밀리의 서재	월 9,900	약 100,000권	오디오북 포함	0
교보문고	월 7,000원 ~월 9,900원	약 160,000권	초등 영어동화 포함	0
예스24	월 5,500원 ~월 9,900원	약 10,000권	음악 감상 기능	0

자료 출처: 강자의 IT 놀이
https://blog.naver.com/kwshop88/222582649870 2021년 12월 기준

있으니까 적극 활용해 봐. 또한 대부분 첫 달 무료나 할인 혜택
을 제공하고 있으니 각각 테스트해 본 후에 자신에게 맞는 플랫
폼을 선택하는 것도 좋은 방법일 것 같아.

이제는 퀵 러닝(Quick Learning)의 시대야. 전자책의 TTS 기
능을 활용하면 언제 어디서든 빠르고 쉽게 들으면서 읽을 수 있
어. 내가 관심을 가지고 있는 책들을 전자책으로 찾아보고, '듣
기' 버튼을 눌러 보렴.

어떤 책을,
어떻게 골라야
하나요?

우리나라에서 지금까지 가장 많이 팔린 책을 알고 있니? 1950년대에 출판사들이 생기고 서점이 생긴 이후로 누적 판매로 가장 많이 팔린 책 말이야. 한번 맞혀 볼래? 물론 책 중에서 특수한 책들, 예를 들어 성경이나 운전면허 시험 문제집, 수험서 같은 건 제외야. 단행본으로 우리나라에서 가장 많이 팔린 책이 뭘까? 다음 줄을 읽기 전에 잠시 추측해 보렴.

자, 그럼 5위부터 공개할게. 5위는 리처드 바크의 《갈매기의 꿈》이야. "높이 나는 새가 멀리 본다"라는 문장으로 유명하지. 먹이를 찾는 것에만 혈안이 되어 있는 다른 갈매기들과는 다르게 비행술을 최고로 갈고닦으려는 갈매기 '조나단 리빙스턴'의 이야기야. 4위는 고대 그리스로부터 전해내려 온《이솝 이야기》지. 작가 이솝은 그리스의 노예였을 것으로 추정되는 인물인데, 우화를 재미있게 이야기해서 해방되었다는 썰이 있어. 3위는 헤르만 헤세의《데미안》. 헤세의 소설은 대부분 인간의 성장에 대해 다루고 있고, 이 작품 역시 그렇지. 2위는 앞서 말한 생텍쥐페리의《어린 왕자》야. 순수한 어린 왕자를 통해 어른들의 세계를 비판하지.

그럼 대망의 1위는 무슨 책일까? 아마도 네가 영화로 보았을 가능성이 큰 소설이야. 바로, 조앤 롤링이 쓴《해리 포터》시리즈야. 놀랍지? 다섯 권 가운데 가장 최근에 나온 책인데, 우리나라 출판 역사상 가장 많이 팔린 책이라니! 처음 소설을 집필하던 당시 조앤 롤링은 정부 보조금을 받아 생활할 정도로 형편이 아주 어려운 상황이었대. 그런데 어느 날 기차 안에서 아이들이 마법사 모자와 망토를 걸치고 노는 모습을 보고는 어린이들을 위한 마법사 책을 쓰기로 결심했지. 우여곡절 끝에 출간되자마자 인기를 얻어서 엄청나게 판매가 되었고, 그녀는 이 책이 나온 지 10년 만에 영국에서 최고 부자 중 한 사람이 되었어. 정말 대단하지?

1위 《해리 포터》- 조앤 롤링

2위 《어린 왕자》- 생텍쥐페리

3위 《데미안》- 헤르만 헤세

4위 《이솝 이야기》- 이솝

5위 《갈매기의 꿈》- 리처드 바크

자, 이 책들의 공통점을 한번 찾아볼까? 아주 특이한 점이 있지? 바로 이 다섯 권의 분야가 모두 소설이라는 거야. 자기계발서나 경제서, 에세이, 심리학 책 분야는 한 권도 없어. 그만큼 소설이 쉽게 읽을 수 있으면서도 사람들에게 깊은 영향을 주는 분야라는 걸 증명했다고 생각해.

소설은 창문과 같아. 독자는 주인공의 인생을 창문 너머로 바라보는 거야. 창문과 문은 다르잖아. 문은 이동할 수 있는 통로이지만, 창문은 구경하는 통로이지. 문을 열고 다가가 주인공이 겪은 걸 실제로 경험할 수는 없지만 창문을 통해 바라보면서 그 사람의 감정을 고스란히 느낄 수는 있지. 그것도 실제로 내가 위험에 처할 부담 없이 말이야.

소설은 내가 경험해 온 것과는 다른, 새로운 삶의 방식을 보여 주지. 해리 포터를 보면서 마법사가 되는 경험을 하지는 않지만, 재능이 있는 한 아이의 삶을 창 너머로 바라보는 거야. 그러면서 '해리 포터처럼 내 안에 있는 재능은 무엇일까?' '내 재능을 추구하면서 살면 어떨까?' 하고 상상해 보는 되지.

소설은 우리에게 이렇게 물어. "네가 지금 살고 있는 그 방식도 좋지만, 다르게 살아 보는 것도 괜찮지 않니?" 하고 말이야. 소설이 정답을 알려 주지는 않아. 하지만 의미심장한 질문을 던진다는 점에서 사람들의 사랑을 받는 거야. 삼촌은 이런 책이 좋은 책이라고 생각해. 답을 알려 주기보다는 중요한 질문을 마음속에 품도록 도와주는 책 말이야.

오래 읽을 좋은 책을 고르려면 ✏️

어떻게 하면 좋은 책을 고를 수 있을까? 단순히 많이 팔린 책이나 추천 목록을 보고 고르기보다는 직접 서점에 찾아가서 읽어 보며 고르는 게 좋아. 서점엔 책 검색대가 있으니까 키워드로 관심 분야를 검색해 보거나, 주변에 관심사가 비슷한 사람에게 추천을 받아 서점에서 찾아 읽어 봐도 좋아.

인터넷에서만 검색하기보다는 직접 서점에 가서 책을 살펴보며 고르는 걸 추천해. 인터넷 서점에서는 책을 읽어볼 수 없기 때문에 상품평이나 블로그의 책 리뷰에 휘둘리는 경향이 있거든. 그중엔 독자의 진심이 담긴 서평도 있지만, 출판사들이 서평단을 꾸려서 마케팅 요소가 담긴 서평도 다수 있어. 때문에 인터넷 서평만을 믿고 구매했다간 후회할 수도 있지.

실제 서점에 가 보면 사람들이 구석에 쪼그리고 앉아서 책 읽기에 몰입하고 있는 모습을 보게 되는데, 나도 동참하고 싶은 마음이 생겨. 삼촌이 서점에 가면 꼭 한두 권을 사게 되는 이유이기도 하지. 현장에서 책을 살펴보면 당장 사서 읽고 싶어지거든.

게다가 대부분의 인터넷 서점은 스테디셀러를 분야별로 모아 두지 않는데, 오프라인 서점은 〈경제·경영 스테디〉, 〈문학 스테디〉 등 분야별로 책을 살펴볼 수 있게 해 놓은 판매대가 따로 있어. 그래서 책은 서점에 직접 가서 읽어 보고 구매할 때 만족할 확률이 높아.

책을 직접 고를 땐 무엇을 봐야 할까? 많은 사람들이 제목을 보고 마음에 들면 사는데, 그건 그다지 좋은 방법이 아니야. 제목이 자극적인 경우에 궁금증을 유발하긴 하지만, 내용의 질이 제목만큼 좋은 경우가 매우 드물거든. 너무 확 끌리는 제목의 책일수록 일단 구입하겠다는 판단을 미루고 꼼꼼히 살펴보는 게 현명해.

책을 고를 땐 우선 세 가지를 봐야 해. 서문과 목차, 그리고 본문 한 꼭지. 사람에 비유하자면 서문은 첫인상이고, 목차는 외모, 본문은 인품을 드러내는 말이라고 할 수 있어.

작가들이 책을 쓰면서 가장 많이 고치는 부분이 어딘 줄 아니? 바로 책의 서문이야. 먼저 서문을 읽으면서 책이 말하고자 하는 이야기가 무엇인지를 생각하며 전체적인 방향을 보아야 해. 내가 원하는 내용이 맞는지, 설득력이 있는지를 살피며 서문을 읽으면 저절로 나에게 필요한 책인지 아닌지를 알게 될 거야. 그런 다음 목차를 보면 책이 얼마나 짜임새 있게 구성되어 있는지 판단할 수 있어. 그리고 마지막으로 목차 중에서 마음에 드는 꼭지 제목 한 가지를 골라서 그 페이지를 열어 몇 장 읽어 보는 거야. 이렇게 서문과 목차, 그리고 본문 한 꼭지를 읽는 데 10분 남짓이면 충분할 거야.

만약 세 가지를 검토했는데, '음… 이 책 괜찮네…'라는 생각이 들 때가 있을 거야. 그럼 이 책을 구매해야 할까? 내 대답은 '절대 아님!'이야. 우리가 스마트폰을 살 때 '괜찮은' 정도로 구매하지 않는 것처럼 '이거다!' 싶은 확신이 들지 않으면 결정을 미루고 더 좋은 건 없는지 알아봐야 해. 아무리 좋은 내용이 많아도 마음에 훅 찔러 들어오는 문장이 없다면 섣불리 구매를 결정하지 마. '괜찮네' 수준이 아니라, 한 문장이라도 마음으로 들어와서 환하게 밝혀 주는 책을 골라야 해.

그렇다고 수준이 높은, 어려운 책을 골라야 한다는 건 아니야. 책은 자기 수준에 맞는 것으로 골라야 해. 이건 비밀인데, 삼촌은 철학 책을 고를 때 항상 어린이용부터 읽어. 삼촌의 책 고르는 경험을 들려주면, 독일의 철학자 니체의 사상은 매우 어렵고 진지하니까 처음엔 쉬운 책, 예컨대 '자음과 모음' 출판사에서 나온 《니체가 들려주는 슈퍼맨 이야기》 같은 책을 먼저 봐. 어린이용 철학책은 아주 쉽고 재미있게 니체의 핵심 개념에 대해 설명해 주거든. 그리고 나서는 어떻게 했을까? 니체의 책을 바로 읽었더니 이해가 안 되길래 니체의 책을 잘 해설해 주는 전문가(고병권 작가 등)의 책을 읽었어. 그리고 마지막에 니체가 쓴 책을 읽으니까 그제야 이해가 쏙쏙 되더라고.

이렇게 자기 수준에 맞는 쉬운 책부터 골라서 읽어야 해.

넓고 얕게 vs. 좁고 깊게 ✏️

아주 쉽게 나의 수준에 맞는 좋은 책을 고르는 비결을 하나 알려 줄까? 네가 지금껏 읽은 책들 중에 가장 재미있게 읽은 책의 작가를 한 명만 꼽아 보렴. 그리고 그 작가의 책을 모조리 찾아 읽는 거야. 예를 들어 《모모》가 재미있고 좋았다면 작가인 미하엘 엔데가 쓴 책을 모두 찾아서 읽어 보렴. 국내에 번역된 책은 생각보다 많지 않을 거야. 이런 식으로 한 작가의 작품을 깊이 파내려 가는 것을 '전작 독서'라고 해.

한 작가에만 집중하면 편협한 독서가 될 것 같지만 그렇지 않아. 한 작가의 사상, 그의 생각이 나오게 된 배경과 과정, 관점 등 전체를 살펴보게 되는 독서라서 오히려 이해하는 폭이 넓어지지. 나무뿌리가 깊이 내려갈수록 범위가 넓어지는 것처럼 말이야. 한 작가의 작품을 모두 읽었다면 거기서 멈추지 말고 그 작가에게 영향을 미친 또 다른 작가의 책을 모조리 찾아서 읽는 거야.

가령 이런 식이야. 삼촌은 헤르만 헤세를 좋아해서 그 사람이 쓴 소설책은 다 읽었어. 그런데 책을 읽다 보니 헤세가 심리학자 칼 구스타프 융의 영향을 많이 받았더라고. 실제로 융을 찾아가 상담을 받은 적도 있고 말이야. 그래서 융의 책을 읽기 시작했지. 그러다 보니 융과 교류가 있었던 작가 조지프 캠벨에게도 관심이 생겨서 자연스럽게 그가 쓴 책들로 옮겨 가더라. 이렇게 한 작가를 파내려 가다가 영향을 미친 다른 작가에게로 옮겨 가는 방식은 생각보다 재미가 커.

몇 년 전에 《지적 대화를 위한 넓고 얕은 지식》, 일명 '지대넓얕'이라는 팟캐스트와 책이 인기였어. 다양한 내용을 짧은 시간 동안 핵심만 짚어 알려 주는 내용이었는데, 상식을 얻고자 하는 사람들이 많이 보았지. 이렇게 교양과 상식을 쌓기 위한 넓은 독서도 나쁘지는 않아. 어떤 사람은 독서를 우물을 파는 것에 비유하면서 "깊게 파려면 처음에는 넓고 얕게 파야 한다"라고 설명하기도 해. 일리 있는 말이긴 한데, 처음부터 너무 넓은 분야를 조금씩 들여다보는 독서를 하다 보면, 자칫 '읽어야 한다' 의무감에 사로잡히게 되어서 책 읽는 재미를 빼앗길 수가 있어. 그러면 곤란하잖아. 그래서 좋아하는 작가를 먼저 파내려 가 보라고 말하는 거야. 한 번 나에게 감동을 주었던 작가는 다른 작품에서도 그럴 확률이 높거든.

어떤 작가든 마음에 드는 작가를 빨리 만날 수 있길 바라. 그리고 그 사람을 발견했다면 그가 쓴 책을 모조리 읽어 보렴.

다 읽고 나면 그 사람에게 영향을 준 다른 작가의 책을 다시 파 내려 가는 거야. 그러다 보면 여러 작가들의 생각이 한데 모이 면서 중요한 깨달음을 얻게 돼. 우물에 비유하자면 깊이 파내려 가다가 지하수와 만나는 거지. 삼촌은 그 지하수가 바로 '진리' 라고 생각해. 깊은 진리에 다다를 때까지 두세 작가의 책을 깊 이 읽기에 도전해 보자.

어떻게
독서를 습관으로
만들죠?

독서에서 '재미'를 놓치면 오래 할 수 없다고 여러 번 이야기했지? 그런데 재미만으로는 습관으로 만들기 어려워. 재미는 감정 상태라서 계속해서 바뀌기 때문에 꾸준히 하는 데 어려움이 많거든. 기분에 따라서 '읽고 싶지 않은 날'이 점점 늘어날 테니까 말이야.

무엇이든 꾸준히 하려면 우리가 양치질을 하고 세수를 하듯 자동적으로 일어나도록 습관으로 만드는 게 중요해. 양치 습관이 잘 되어 있으면 양치질하고 싶지 않은 기분이 들 때도 칫솔에 치약을 묻히고 있게 되니까 말이야.

우리 모두는 각자의 안전지대(comfort zone)라는 걸 가지고 있어. 안전지대는 세수나 양치질처럼 습관이 되어서 익숙하고 편안한 활동들의 집합을 말해. 시간이 남을 때 자연스럽게 책을 찾아서 읽는 사람은 독서가 안전지대 안에 있는 것이고, 다른 오락거리를 찾는 사람은 아직 독서가 익숙하지 않은, 안전지대 밖에 있는 거야. 독서를 내게 편안한 활동으로 바꾸려면 안전지대의 원을 조금씩 넓혀서 독서를 안전지대 안으로 들여와야 하는 거지.

하찮을 만큼 작은 목표로 시작하기

많은 사람들이 처음부터 거창한 목표를 잡아. '한 달에 두 권씩 읽을 거야', '무슨 일이 있어도 매일 100페이지씩 읽을 거야!' 하고 말이야. 우리 뇌는 이럴 때 이렇게 반응해. '이렇게 엄청난 변화는 너무 불편해!' 처음에 결심할 때의 마음이 조금씩 사라지고 말지. 너무 무리하게 밀어 붙이려고 해서는 성공률이 낮아.

삼촌이 제안하는 방법은 가능한 천천히, 사소하게 시작하자는 거야. 처음에는 아주 가볍게만 변화를 주는 거지. 예를 들어 '매일 책 다섯 줄을 읽는다'는 목표는 큰 변화가 아니니까 우리 뇌는 안심하고 경계를 늦출 거야. 그렇게 가랑비에 옷 젖듯이 조금씩 안전지대 원 밖으로 걸음을 떼면 뇌는 점점 읽는 것에 편안함을 느끼고 원은 점점 커지게 되는 원리야. 그렇게 '작은 습관(micro habit)'을 만들어 보렴. '매일 책 100페이지씩 읽는다'는 목표는 멋있어 보이지만, 절대로 오래 지속할 수 없어. 하지만 '매일 책 다섯 줄을 읽는다'는 목표를 지속하는 건 어렵지 않을 거야. '책 읽을 시간이 없다'는 핑계를 댈 수도 없지. 다섯 줄은 겨우 10초면 충분히 읽으니까 말이야. 아무리 힘들고 피곤한 날도 10초면 성공할 수 있는 일인데 왜 안 하겠어?

아주 작은 목표 하나를 정하고 달력에 ○표시를 해 가면서 매일 실천해 보렴. 이때 주의할 사항은 익숙해졌다고 해서 중간에 목표량을 함부로 늘려서는 안 된다는 거야. '이제 좀 익숙해졌는데 열 줄, 아니 한 페이지로 늘려 볼까?' 이런 생각이 들더라도, 습관으로 굳어지기까지는 다섯 줄로 유지해야 해. 그럼 딱 다섯 줄만 읽어도 그날은 '성공'한 날인 거잖아. 몇 줄을 읽었는지가 아니라 '매일 읽는 것'에 가치를 두어야 해. 스마트폰에 '습관'이나 'loop' 같은 어플을 깔아 두고 매일 체크해 보렴.

두 달 정도 지나면 정말 놀랄 만큼 달라져 있을 거야. 다섯 줄을 읽다 보면 어느 날은 재미있어서 몇십 페이지를 아무런 부담감 없이 읽고 있을 테니까. 이게 바로 '작은 습관'의 힘이야. 다섯 줄의 목표를 달성하고 난 후부터는 얼마만큼을 읽던 간에 내 자유로운 선택이잖아. 다섯 줄 이후에는 더 읽을지 말지를 스스로 결정하면 되니까 부담 없이 책을 읽을 수 있어.

실제로 해 보면 알겠지만, 하루 다섯 줄을 읽는 것만으로도 기분이 완전히 달라져. '나는 책을 꾸준히 읽는 사람'이라는 정체성이 생기기 때문에. 다섯 줄이라는 작은 성공도 성공이니까! 꾸준한 성공이 주는 만족감이 예상보다 크니까 재미도 붙일 수 있어. 우리의 뇌 속에는 '습관 신경'이라는 게 있는데, 매일 조금씩 반복될수록 이 '습관 신경'의 경로는 점점 더 두꺼워지면서 강해지지. 아주 하찮은 행동이라도 꾸준히 반복하면 그게 습관 신경을 두텁게 만들어.

우리 뇌는 보상이 없으면 변화에 저항하게 되어 있어. 그래서 즉각적으로 보상해 주면 아주 효과적이지. 책을 읽고 난 후의 만족감이나 똑똑해진다는 느낌은 사실 뇌가 잘 느끼지 못하기 때문에 보상으로 안 느껴져. 그래서 오히려 독서와는 아무 관련 없는 보상이라도 내가 좋아하는 거로 보상을 해 주면 효과가 크지. 예를 들어 다섯 줄을 읽고 나면 유튜브에서 아주 재미있는 영상을 하나 보거나, 혹은 좋아하는 과자를 먹거나, 친한 친구에게 전화를 거는 거야. 이처럼 즉각적인 보상이 있을 때 뇌는 '또 하고 싶다'는 각인이 되어 꾸준히 지속하게 되거든. 작은 습관에 어울리는 작은 보상을 생각해 보렴.

독서에 관한 또 하나의 작은 습관은 집에서 나갈 때 책을 가지고 다니는 습관이야. 학교를 가거나 주말에 친구를 만나거나 어디를 가든 집을 떠날 때는 책을 들고 나가 보렴. 삼촌은 요즘 e 북을 많이 읽는데, 리디북스 같을 어플을 핸드폰 메인 화면에 깔아 두어서 언제든 읽거나 들을 수 있도록 해 두었어. 3분, 5분 이런 자투리 시간들이 모이면 얼마나 큰지 몰라.

어디를 가든 책을 펼쳐 놓는 것도 좋은 방법 중의 하나야. 이게 참 신기한데, 책이 펼쳐져 있으면 조금이라도 읽게 되거든. 정말 해 보면 '책을 펼치기'가 참 힘든 일이구나 싶어. 그래서 삼촌은 장소가 어디든 간에 책을 들고 다니다가 앉게 되면 읽든 안 읽든 일단 책을 펼쳐 뒤. 특히 공부하려고 책상에 앉았을 때 책이 펼쳐져 있으면, 지겨운 공부를 하기 전에 조금이라도 읽게 되지. 이런 작은 노력들이 모이면 책 읽는 시간들을 차곡차곡 모을 수 있어. 의외로 매우 생산적인 방법이야.

엉덩이로 읽어야 하는 책들 ✎

물론 틈틈이 하는 독서도 좋지만, 따로 시간을 내어서 집중 독서하는 시간도 중요해. 삼촌은 가벼운 에세이나 자기계발서 같은 책들은 틈틈이 읽고, 생각할 시간이 많이 필요한 문학이나 철학 책들은 한두 시간 동안 집중해서 읽는 편이야. 이런 종류의 책들은 전체적인 흐름을 이해하면서 읽어야 하기 때문에 흐름이 끊기지 않아야 하거든.

이런 책들은 방해받지 않는 시간을 따로 만들어 집중해서 읽는 게 필요해. 눈이 아니라 엉덩이로 읽는 거야. 무슨 말이냐고? 깊이 있는 책일수록 30~40분 정도 읽고 나면 '와 내가 이렇게 책에 푹 빠져서 읽었다니' 하는 뿌듯함이 밀려오거든. 문득 친구에게 전화를 걸어서 책 내용을 알려 주거나 SNS에 표지 사진을 찍어 자랑하고 싶은 마음이 들기도 해. 그때 엉덩이를 자리에서 떼면 어떻게 될까? 삼촌의 경험상, 다시 독서로 돌아오는 건 거의 불가능해. 특히 스마트폰을 켜는 순간 돌아올 수 없는 강을 건너는 셈이지. 이런 유혹이 들 때 마음을 다잡고 엉덩이를 자리에 비비면서 이렇게 생각해야 해. '아냐, 아직 한 시간도 못 읽었는걸. 앞으로 30분만 더 읽고 잠시 쉬자' 이렇게 말이야. 그러다 보면 어느새 한 시간이 훌쩍 가 있는 경험을 하게 될 거야.

알고 있지? 깊이 있는 책을 읽을 땐 스마트폰을 꺼두거나 다른 방에다 갖다 놓는 게 무엇보다 중요하다는걸. 스마트폰은 현대인들의 대표적인 '시간 도둑'이야. 하루에 내가 얼마나 스마트폰을 들여다보는지 시간을 측정해 보렴. 스마트폰을 켤 때 시간을 보고, 그리고 끌 때의 시간을 메모장에 적어 두었다가 잠들기 전에 그 시간을 합산해 봐. 참고로, 정부 발표에 따르면 청소년 10명 중에 약 6명이 하루 평균 4시간을 넘게 스마트폰을 사용한다고 해. 엄청난 시간이지? 연속적인 시간을 얻으려면 무엇보다도 스마트폰과 분리돼야 해.

여기서 꼭 기억해야 할 점을 한 가지 더 추가한다면, 엉덩이로 읽는다고 해서 읽기 싫은 책을 억지로 읽으라는 말은 아니라는 거야. 이런 책들도 3분의 1 정도 읽었을 때까지 재미가 없으면 과감히 놓고 새로운 책으로 옮겨 가야 해.

"사람이 만든 책보다 책이 만든 사람이 더 많다"는 말을 들어 본 적 있니? 깊이 읽은 한 권의 책은 한 사람의 삶을 통째로 바꿀 수 있다는 뜻이야. 신비롭게도 책은 이 손에서 저 손으로 여행하다가 이 책이 필요한 사람에게, 꼭 필요한 그때에 가 닿아. 꾸준히 읽다 보면 너도 그런 운명적인 순간을 맞이하게 될 거야.

3

메타인지를 높이는 글쓰기

읽기도 버거운데
꼭 글을 써야
해요?

몇 년 전에 EBS에서 〈0.1%의 비밀〉
이라는 프로그램을 방영한 적이 있어. 전국 모의고사 등수가 0.1
퍼센트 안에 들어가는 800명의 학생들과 평범한 학생들 700명
을 비교해서 어떠한 차이가 있는가를 알아보는 내용이었지. 이
때 여러 가지를 조사해 보았는데, 0.1퍼센트의 우등생들이 보통
학생들에 비해 IQ도 크게 높지 않고 부모의 경제력이나 학력도
별반 다를 것이 없다는 결과를 얻었어. 그렇다면 도대체 무엇이
이 엄청난 차이를 만들어 내는 걸까?

EBS에서는 색다른 실험을 하나 해 보았어. 서로 연관성이
없는 단어(변호사, 여행, 초인종 등등) 25개를 하나 당 3초씩 모두

75초 동안 보여 주고는 얼마나 기억하는지 적어 보는 실험이었지. 그 결과가 무척 흥미로워. 예상외로 상위 0.1퍼센트의 우등생과 보통 학생이 기억하는 단어의 개수엔 큰 차이가 없었어. 25개의 단어 중에 우등생은 평균 9개 정도의 단어를, 보통 학생은 평균 7개 정도의 단어를 기억했거든. 100점 만점으로 환산하면 36점과 28점 정도의 차이이니까 그리 크지는 않지?

그런데 엉뚱한 데서 차이가 나타났어. 시험을 보기 전에 학생들에게 본인이 기억하고 있다고 확신하는 단어의 개수를 예측하게 했거든. 그리고 실세 시험을 본 후에 그 점수와 예측한 숫자를 비교해 보았지. 놀랍게도 그 결과는 두 집단에서 확연히 차이가 있었어.

상위 0.1퍼센트의 학생들은 단 한 명을 제외하고는 본인이 예측한 점수와 실제 점수가 같았던 반면, 보통의 학생들은 단 한 명도 빠짐없이 모두 예측한 점수를 빗나갔어. 자신이 예상한 점수와 실제 점수가 차이를 보였던 거지. 어떤 학생은 자신을 과대평가했고, 또 어떤 학생은 자신을 과소평가한 거야.

이처럼 우등생과 보통 학생의 차이는 기억력이 아니라, '자신이 얼마만큼 할 수 있는지를 아는 능력'에 있었어.

상위 0.1퍼센트의 비밀, 메타인지

'자신이 무엇을 알고 무엇을 모르는지를 아는 능력'을 메타인지 (Metacognition)라고 불러. 자기 자신의 학습 과정을 한 차원 높은 시각에서 관찰하는 능력이라 할 수 있지. 이건 인간만이 가진 고유한 능력이기도 해. 인간의 뇌를 컴퓨터에 자주 비유하지만, 사실 컴퓨터와 인간의 뇌는 이 메타인지가 가능한가에서 엄청난 차이가 나거든.

다음 질문에 한 번 대답해 보렴.

Q. 에콰도르 국방부장관의 이름은?

정답을 알고 있니? 아마 이 질문을 보는 순간 바로 '모른다'는 답이 튀어나왔을 거야. 그렇지? 그런데 이 대답을 하기 위해 너는 머릿속에 저장된 지식을 모두 뒤져 본 후에 '모른다'고 대답했니? 아니, 그렇지 않을 거야. 아마도 거의 즉각적으로 네가 모르고 있다는 사실을 스스로 알았을 테니까. 우리가 눈치채지 못하지만, 이건 사실 대단한 능력이야. 컴퓨터는 이렇게 즉각적으로 '모른다'고 답하지 못하거든. 컴퓨터는 이런 질문을 받으면 제일 먼저 하드디스크와 시스템에 저장되어 있는 정보들을 모두 스캔해 본 다음에야 '그런 정보가 없음'이라고 결론을 내리지. 그러니까 컴퓨터는 '안다'는 사실보다 '모른다'는 사실을 알아내는 데 더 오래 걸려.

반면에 인간은 자기가 어떤 사실을 모른다는 걸 1초도 안 돼서 알아. 우리 뇌에 있는 200조 개의 뇌세포를 일일이 건드려 본 다음에 '모른다'고 답하지 않는다는 거지. 이게 바로 인간의 놀라운 능력, 메타인지야. 즉 우리에게는 자기가 '알고 모르는지를 볼 수 있는 눈'이 하나 더 있는 거야. 메타인지 덕분에 우리는

엄청난 시간을 절약할 수 있는 셈이지. 공부를 잘하는 학생들은 이 메타인지 능력이 매우 높아. 그래서 자신이 모르는 것을 즉각 알아차리면 그 부분을 바로 보충해 공부하고, 시험 중에는 모르는 문제가 나오면 건너 뛰고 아는 다른 문제부터 풀기 때문에 좋은 성적을 받기가 더 유리하지.

메타인지가 낮아서 어중간하게 알고 있으면, 컴퓨터처럼 우리의 뇌를 검색하느라 시간을 잡아먹게 돼. 그래서 누가 에콰도르 국방장관의 이름을 물으면 곧바로 대답하지 못한 채로 뇌를 풀가동하며 계속 고민하게 되는 거야. 이와 마찬가지로 보통의 학생들은 모르면서도 자기가 이미 알고 있다고 착각하기 때문에(모른다는 것을 모르기 때문에), 제대로 모르는 것도 더 공부하려 들지 않고 넘어가는 경우가 많아. 그러니 성적이 상위권으로 올라갈 수 없는 거지.

메타인지를 향상시키는 방법 ✏️

상위 0.1퍼센트의 학생들은 어떻게 메타인지를 키웠을까? EBS에서는 이 학생들의 공부 방식에 특이한 점이 있다는 것을 발견했어. 다름 아닌 자기가 배운 걸 자기 나름대로 표현해 보는 공부 방식이었지. 예를 들어 이해우라는 학생은 집에 오면 수업하듯이 엄마에게 그날 배운 지식들을 설명해 주면서 정리를 해. 이런 '선생님 놀이'를 하루 한 시간 정도씩 매일 한다고 하니, 그걸 듣고 계신 어머니도 대단하시지?

홍태화 학생은 매일 자율학습 시간에 교탁에 앉아 공부하면서 친구들이 질문하는 것들에 일일이 대답해 줘. 심지어 전교 2등이 물어봐도 친절하게 알려 주지. 담당 PD가 반 친구들에게는 도움이 되겠지만 자기 공부 시간을 뺏기는 거 아니냐고 묻자 "친구들이 어려운 문제를 묻는 거라 제가 미처 생각지 못했던 부분을 깨닫기도 하고, 안다고 생각하면서 넘어갔던 부분도 다시 한번 짚어보게 된다"라고 대답했어. 태화뿐만 아니라 대부분의 최상위권 학생들을 살펴보니, 자기가 알고 있는 내용을 다른 사람에게 설명하는 기회가 많았어. 그러면서 저절로 메타인지가 높아진 거지.

어떤 지식을 제대로 알기 위해서 가장 좋은 방법은, 자기가 소화한 것을 말이나 글로 표현해 보는 거야. 알고 있다는 느낌은 있는데 다른 사람에게 설명할 수 없는 지식은 진짜 알고 있는 게 아니거든. 나만의 방식으로 설명할 수 있어야 제대로 이

해한 거지. 그렇다고 공부할 때마다 엄마를 불러서 설명한다는

건 현실적으로 어려운 일이야. 또한 나에게 묻지 않는 친구들을

찾아다니면서 설명하는 것도 우스운 일이고 말이야. 그렇다면

어떤 방법으로 메타인지를 높일 수 있을까?

혼자서 자신이 배운 것이나 느낀 것을 곱씹고, 표현해 보는 가장 쉬운 방법이 바로 글쓰기야. 혼자서도 얼마든지 할 수 있고, 언제 어디서든 할 수 있기에 오랫동안 유능한(성공한) 사람들의 도구가 되었던 방법이지. 글을 쓴다는 건 자신의 '생각을 생각하는 일'이거든. 그러니 자연스럽게 메타인지가 높아질 수밖에.

논문이나 보고서 같은 대단한 글을 쓰라는 게 아니야. 그날 배운 것, 느낀 것을 아무도 보지 않는 일기장에 끄적거려 보는 거야. 하루를 돌아보고, 생각을 정리하고, 그걸 다르게 표현해 보는 것만으로도 메타인지가 향상되지. 하버드대학교가 150년간 글쓰기 수업을 필수 과목으로 선정했고, 졸업생들도 가장 도움이 되었던 과목으로 글쓰기 수업을 꼽는 이유가 여기에 있어.

물론 글쓰기는 메타인지뿐만 아니라 문해력을 높이는 아주 좋은 방법이야. 수능 문제로 출제되는 지문은 대부분 논리적으로 잘 구조화된 글이잖아. 그래서 글의 구조를 빨리 파악할수록 독해에 큰 도움이 돼. '수능 국어 영역은 시간 싸움'이라는 말이 있을 정도로 한 문제를 풀려면 긴 지문을 읽는 즉시 의미 파악을 해 내는 능력이 필요해. 이때 글의 구조를 빨리 파악한다면 훨씬 유리하겠지? 글쓰기야말로 글의 구조를 익히는 최고의 방법이야. 남들보다 탁월한 경쟁력이 하나 생기는 거지.

가령, 나중에 커서 살 집을 고른다고 생각해 보렴. 보통은 방과 거실, 화장실을 살펴본 후에 크게 문제가 없겠다 싶으면 계약을 하겠지. 그런데 자기가 직접 집을 지어 본 사람은 좀 다를 거야. 설계도를 머릿속에 그려 넣고 집을 둘러보기 때문에 공간 활용에 유리한지, 어떤 방이 춥거나 습기가 차는지 바로 알아볼 수 있겠지.

글을 쓴다는 건 머릿속에 설계도를 그리는 일이야. 그러니까 글을 써 본 경험이 있다면 글을 살펴볼 때 구조를 파악할 수 있기 때문에 수능 지문의 구조와 개요를 금방 이해할 수 있어. 설계도를 그려 본 사람은 어떤 집이든 현관문만 들어서도 집의 구조가 머릿속에 대번에 그려지는 것처럼 말이야. 즉, 구조를 파악하는 능력이 있으면 적게 노력하고도 빠르게 문제를 해결할 수 있게 된다는 이야기야.

글쓰기로 인생을 바꾼 사람들 ✏️

단순히 성적을 높이기 위해서 글을 쓰라는 건 아니야. 글을 쓰면 인생이 행복해져. 괴로운 일이 있을 때 글쓰기로 훌훌 털어 버리고 나면 그 일을 극복할 수 있는 힘이 생겨나기도 하고 말이야. 글은 마음을 비추는 거울과 같아서 내 마음을 확인하는 것만으로도 치유가 되거든.

심리학의 3대 거장 중의 한 명인 칼 융은 아버지처럼 따랐던 스승 프로이트와 학문적인 의견 차이로 결별하면서 무척 힘들어했어. 그전까지 많은 책을 출간했지만 스승을 떠난 후로 6년간은 단 한 권도 출간하지 못했지. 그런데 실제로는 그동안 누구보다도 많은 글을 썼다고 해. 살아생전엔 아무에게도 보여 주지 않았던 자신의 비밀스러운 일기를 열심히 썼지. 일기를 쓰면서 스승과의 결별에서 받은 상처를 치유했고, 다른 사람을 치유해 줄 수 있는 정신과 의사로 거듭날 수 있었어.

영국의 종교학자 카렌 암스트롱은 원래 수녀가 되기 위해 17세에 스스로 수녀원을 들어갔다가 7년 동안 몸과 마음이 망가져서 수녀원을 도망치듯 나왔지. 당시 영국의 수녀원은 가혹하리만치 혹독한 수행을 시켰기 때문이었어. 간질 발작을 겪고 자살 시도를 할 만큼 힘들어하던 때 그녀는 용기를 내서 자기 삶에서 가장 고통스러웠던 수녀원에서의 경험을 글로 쓰기 시작했어. 처음엔 악에 받쳐 쌓인 분노를 쏟아내기만 하다가, 점점 그 상처가 치유되면서 이제껏 처절한 실패로 여겨온 수녀원

생활을 한 걸음 떨어져서 바라볼 수 있게 되었지.《좁은 문으로》라는 제목으로 출간된 이 책을 쓰면서 그녀는 수녀원에서 보낸 시간이 자기 인생에서 가장 뜻깊은 시간이었다고 고백했어.

글을 쓰는 건 내 안의 상처를 치유하고 나를 새롭게 발견할 수 있는 좋은 방법이야. 한 편씩 글이 쌓일 때 비로소 내가 누구인지 알 수 있게 되고, 동시에 미래에 내가 원하는 삶을 그려볼 수 있어. 뿐만 아니라 글을 통해 능력을 뽐낼 수도 있지. 우리가 살아가는 현대는 말하기와 글쓰기가 무엇보다도 중요해진 시대야. 예전에는 능력은 출중하지만 글을 잘 못 쓰면 '능력은 있는데 표현을 못하네' 하고 넘겼지만, 요즘은 '능력이 형편없군'이라고 평가받는 경향이 있거든.

글쓰기는 우리의 메타인지를 높여서 학교 성적을 높여 줄 뿐만 아니라 마음이 계속 성장하도록 도와줘. 글을 쓰면 오늘 있었던 일을 돌아보며 교훈을 얻을 수도 있어. 그러면 내일은 조금 다르게 살아보게 되지. 그렇게 점점 발전해 나가면서 자기 인생을 주도적으로 살아가게 되고 말이야.

SNS도 좋은 글쓰기 연습 아닌가요?

사람들 앞에서 말을 잘하는 편이니? 특히 모르는 사람들이 많은 곳이나 무대에서 말하는 게 자연스러운 편이야? 아니면 반대로, 대중 공포증 같은 걸 가지고 있거나 낯을 많이 가리니?

삼촌은 내향적인 성격이다 보니 여러 사람 앞에 서는 것에 공포증이 심했었어. 사람들 앞에서 강의하는 게 무척 두려웠지. 처음 강의했던 날의 기억이 아직도 생생해. 마이크를 잡는 순간 눈앞이 깜깜해지고, 준비했던 멘트들은 모두 까먹고, 이마와 등 뒤로 흐르는 식은땀… 아마 자세히 설명하지 않아도 잘 알 거라 믿어.

삼촌과 함께 강의했던 직장 동료 중에는 전혀 떨지 않고 자연스럽게 청중을 휘어잡는 친구가 있었어. 어휘력이 뛰어나거나 지식이 많은 사람은 아니었는데도 그 친구가 입을 열면 모두가 미소를 띠고 눈을 반짝였지. 그 친구의 강의를 들으면서 어찌나 질투가 나던지. 내 강의를 듣는 사람들은 늘 긴장한 듯 어딘가 불편해 보였고 우스운 이야기를 해도 잘 웃지 않았거든.

지금 생각해 보면 강사가 긴장하니까 듣는 사람 역시 긴장할 수밖에 없었던 건데, 그땐 왜 그걸 몰랐었는지. 아무튼 전공했던 공학을 다 버리고 호기롭게 교육 일을 시작했건만 처음부터 순탄치가 않았지. '괜찮아. 나는 글을 잘 쓰잖아' 하고 스스로를 위로했지만, 사실 강의를 잘 못한다는 고민은 몇 년간 나를 무척 괴롭게 했어.

그러던 어느 날, 그 동료에게 삼촌이 푸념하듯 말했어.

"휴, 저도 ○○씨처럼 외향적이라면 강의를 잘했을 텐데요. 저로선 무척 부러워요."

그러자 의외라는 눈빛으로 동료가 이렇게 말하더라.

"사실은 저도 굉장히 내향적이에요. 승오씨처럼 처음엔 떨리는 목소리 때문에 고민이 많았어요. 일단 목소리를 떠니까 더 긴장하고, 그래서 밤새 준비했던 말들도 거의 못하곤 했었죠."

"어어, 그래요? 저는 타고난 입담꾼인 줄 알았는데… 그런데 어떻게 이렇게 강의를 잘하게 된 거예요?"

"어느 날 친구들을 만나서 왁자지껄 떠들고 돌아가는 길이었어요. 문득 이런 생각이 들더라고요. '친구들과 수다를 떨 때는 말을 이렇게 잘하는데 왜 무대 위에만 올라가면 말을 못할까? 장소만 옮겨왔을 뿐인데 왜 그리 다르지?' 곰곰이 생각해보았죠. 답은 하나였어요. 무대에 오르면 무언가 '변신해야 한다'고 생각하고 있더라고요. 여러 사람에게 말할 때는 웅변하듯이 목소리도 크고 악센트도 강하게 넣고 몸짓도 크게 해야 한다고요. 말도 문법적으로 틀린 부분 없이 완벽하게 정리되어 있어야 한다고요. 그런 부담감 때문에 더 긴장하고, 긴장을 달래려고 연습을 할수록 긴장감은 더해져서 무대에선 다른 사람처럼 어색하게 말이 나오곤 했던 거였어요. 그냥 친구들 모임에서 말하듯이 편안하게 말해도 될 텐데, 문법적으로 조금 틀리고 흐름이 막혀도 진심은 통할 텐데 하는 생각이 들었죠. 그래서 말할 내용을 충실히 준비하되 말하는 연습은 많이 하지 않고 무대로 올라갔어요. 그랬더니 오히려 말도 술술 나오고 사람들도 많이 웃더라고요."

이날 이야기를 듣고 격하게 고개를 끄덕였지. 정말 그랬어.

친한 친구들을 만나서 이야기하는 것처럼 청중들에게도 말을 건네면 되었는데 왜 변신하려고 했을까 싶더라고. 이후로 내 강의도 조금씩 편안해지기 시작했지.

이제는 더 이상 강의하는 게 스트레스가 아니야. 어느새 사람들과 역동적으로 함께 호흡하는 강사로 조금씩 바뀌었어. 청중이 웃지 않아도 더는 긴장하지 않아. '뭔가 타이밍이 안 맞았나 보다' 하고 넘기며 그다음의 이야기로 자연스레 넘기지. 야구 타자들이 스윙을 연습하는 건 결국 어깨에 힘을 빼는 과정이라고 이야기하잖아? 결국은 친구들과 대화하듯이 힘을 빼고 청중들과 대화하면 되는 것이더라고.

글도 마찬가지야. 힘이 잔뜩 들어가 있으면 난해하거나 어색한 글만 나와. 멋진 미사여구들로 범벅된 감동도 없고 진심도 묻어나지 않는 글들이 얼마나 많은 줄 아니? 독자를 너무 의식해서 썼기 때문이야. 좋은 글은 친구에게 말을 건네듯 편안하게 써 내려간 글이야. 이 책에서 나를 '삼촌'이라고 부르며 글을 쓰는 이유도, 사실 조카에게 말을 건네듯 편안하게 쓰기 위한 장치이고. (물론 실제 나이도 네 삼촌뻘이지만, 하하!)

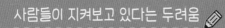

사람들이 지켜보고 있다는 두려움

여러 권의 책을 출간해서인지 삼촌에게 책을 쓰고 싶다고 조언을 구하는 사람들이 많아. 실제로 책 쓰기 워크숍을 운영하고 있기도 하고. 그런 사람들에게 삼촌이 강조하는 건 'SNS에 글쓰기를 하지 말라'는 거야.

왜인 줄 아니? SNS나 블로그는 여러 사람들이 지켜보는 '무대' 같은 공간이잖아. 내가 모르는 불특정 다수가 내 글을 평가하는 곳이지. 많은 눈이 지켜보는 무대에서 초보자가 힘을 빼고 편안하게 글을 쓸 수 있을까? 자연스럽게 말하는 게 가능할까? 아니라고 생각해. 그래서 아직 책을 낸 적 없는 사람이라면 혼자만 볼 수 있는 비공개 블로그나 친한 사람들만 서로 읽어 볼 수 있는 곳에 글을 적으라고 조언하지.

자기를 드러내고 포장하고 남의 시선을 의식하는, 이런 보여 주기식의 글쓰기는 나를 비춰 주는 거울이 되기 어려워. 나를 포장하는 렌즈의 뽀샤시한 필터 같은 역할만 할 뿐이지. 가식과 포장 위에 진심을 담을 수는 없잖아.

자신을 들여다보는 메타인지를 높이는 글쓰기는 SNS의 글쓰기와는 전혀 달라. 아예 정반대라고 볼 수 있지. 좋은 글쓰기의 본질은 자신을 밖으로 '드러내는' 것이 아닌, 철저하게 내면을 '들여다보는' 거야. 당연히 주제는 '솔직한 내 이야기'여야 의미가 있지.

진짜로 글을 잘 쓰고 싶다면 SNS를 시작하기 전에 먼저 아무도 보지 않는 공간에 나의 솔직한 이야기들을 적는 것부터 시작해야 해. 일기를 적어도 좋고, 간략하게 자서전을 써도 좋아.

평소에는 입에 담지도 못할 욕을 적어도 되고. 내 충동과 욕망을 여과 없이 적어도 아무도 뭐라고 할 수 없는 그런 곳에다 아주 솔직하게 글을 써 보는 거야. 특히 청소년 시기엔 그런 글쓰기가 정말 필요해.

아무도 보지 않는 나만의 비밀 공간을 찾아서 ✎

심리학자 칼 융이 프로이드와 결별하고 6년간 아무도 보지 않는 노트에 자기만의 비밀스러운 글을 적었다고 했잖아? 그때 남긴 여러 노트 중에 '검은 책'과 《붉은 책》이 알려져 있어. 사실 책 제목이 없으니 표지 색깔로 구분한 것뿐인데, 두 권 모두 칼 융이 살아 있을 때 출간되지 않았어. 노트에 밖으로 드러내고 싶지 않은 자신의 모습을 여과 없이 적었기 때문이야. 그중 《붉은 책》은 그가 죽고 50년이 지난 후에 일반에 공개됐고, '검은 책'은 아마 영영 공개되지 않을 거라고 해. 《붉은 책》이 공개되었을 때 융의 친구였던 헐(Hull)이라는 사람은 그 책을 읽어 보고 이렇게 말했대.

"융은 그 자신이 걸어 다니는 정신병원이자, 그 병원을 책임진 의사였다."

무슨 의미로 그런 말을 했을까? 그만큼 《붉은 책》의 내용이 정신병자가 쓴 글처럼 이상한 내용들로 가득했다는 의미야. 실제로 융은 그 당시 극심한 우울증과 신경쇠약으로 이상한 꿈을 꾸고 혼잣말을 중얼거렸었지. 그 모든 내용을 아주 솔직하게 써 내려갔던 거야. 그리고 그렇게 쏟아내면서 스스로를 치유했고, 나아가 다른 사람의 상처를 치유하는 의사로 성장할 수 있었지. 실제로 《붉은 책》의 곳곳에서 융이 정립한 '분석심리학' 주요 개념들의 초기 버전을 확인할 수 있어.

만약에 융이 자기 이야기를 SNS처럼 많은 사람들이 보는 곳에 적었다면 지금처럼 심리학의 거장이 되었을까? 아마 아닐 거야. 죽을 때까지 가까운 가족에게도 보여 주지 않을 마음으로 솔직한 생각과 감정을 쏟아냈기 때문에 아픔을 딛고 독자적인 이론을 정립할 수 있었던 거야. 내면에 나만의 비밀 공간을 가진 사람만이 세상에 자신만의 세계를 창조할 수 있어.

우리들 대부분은 일기를 적으면서도 '누군가 한 번쯤 읽을지도 모른다'는 상상을 하면서 글을 쓰는 것 같아. '엄마가 내 일기를 읽으면 어쩌지?' 하는 불안감에 100퍼센트 솔직하게 쓰지 않기도 하잖아. 그래서 누군가를 죽이고 싶을 만큼 미워하거나, 충동적으로 비행을 저지르고 싶은 생각이 들어도 스스로 내부 검열을 하면서 삭제하거나 순화해서 글로 적지 않니?

정말로 자신을 들여다보려면 모든 것을 편집 없이 쏟아낼 수 있어야 해. 마치 대나무밭에서 "임금님 귀는 당나귀 귀" 하고 소리치듯 100퍼센트 솔직한 내 심정을 완전히 쏟아 버리고 비워야 속이 후련해지고 더 이상 그 문제에 집착하지 않게 되지.

어디에다 글을 적는가는 그래서 꽤 중요한 문제야. 물론 SNS처럼 많은 사람들이 보고 있는 공간에 글을 쓰는 게 나쁜 건 아니야. 하지만 아무도 보지 않는 공간에 글을 쓰는 시간은 하나도 없이 남에게 보이는 공간에만 글을 쓰다 보면, 타인의 반응에 예민해지고 우울감이 생길 수 있어. 댓글 수나 좋아요 하트의 숫자만 세고 있는 내 모습을 발견하게 될지도 모르고 말이야. 그럼 내가 원하는 글이 아니라 남이 원하는 글을 적게 될 테고, 거짓 자아(거짓 나)만 가득한 글이 될 수도 있을 거야.

오늘 당장, 홀가분하게 모든 것을 털어낼 수 있는 비밀 노트를 꼭 하나 만들어 보렴. 철저한 보안은 아주 중요해. 삼촌은 컴퓨터로 일기를 적곤 하는데, 남이 관심을 갖지 않도록 파일

이름도 평범한 문서처럼 해 놓고 아주 복잡하게 비밀번호를 걸어 둬. 그 덕분에 일기를 쓸 땐 아무런 감정의 편집 없이 자판을 계속해서 두드려. 미운 사람이 있으면 입에 담지 못할 욕설을 하기도 하고, 흠씬 두들겨 패주는 상상을 적기도 해. 어떨 땐 혈흔이 낭자한 살인 소설 한 편을 쓰기도 하고 말이야. 속으로 '누가 읽으면 어떻게 하지'라거나 '이건 너무하잖아' 같은 생각을 하면서 글을 고치지 않아. 오로지 감정을 토해 낼 뿐이지. 그러다 보면 그 사람의 뭐가 그리 마음에 안 드는지, 나는 그 상황에 왜 그렇게 민감하게 반응하는지 등을 돌아보게 돼. 어렸을 적 상처나 트라우마 때문인가 스스로 유추해 보기도 하고 말이야. 그러면 조금씩 마음도 풀리고 '나'를 더욱 이해하게 되더라고.

너도 한 번 해 보렴. 필요한 건 딱 두 가지야. 100퍼센트 보안 유지, 내 안에서 들리는 검열자의 목소리를 완전히 무시하고 쏟아내기. 간단하지? 이건 백 번 듣는 것보다 한 번 해 보는 게 훨씬 와닿을 거야. 솔직한 글쓰기가 나 자신을 더욱 이해하고 알아가는 과정이 된다는 걸 알게 될 거야. 속이 시원한 건 말할 것도 없이 큰 선물이고 말이지.

도무지 뭘 써야 할지 모르겠어요

무엇부터 써야 할지 막막하니? 사실 제일 쉬운 건 일기를 적는 거야. 선생님께 제출하고 검사를 받는 일기 말고, 삼촌이 말했던 진짜 솔직한 일기 말이야. 남몰래 좋아하는 친구와의 연애 소설이건 선생님이나 부모님에 대한 욕이건 자유롭게 적어 보렴. 어떤 이야기를 적든 마지막엔 '왜 이런 생각이 들까?' 하고 자신에게 물어보는 건 중요해. '왜?'라는 질문은 본질을 건드리거든. 정신과 의사나 상담가들이 가장 많이 하는 질문이지. 일기는 나를 돌아보고 이해하는 과정인데, '왜'는 그중 가장 강력한 질문이야. 감정을 가감없이 적고 왜 그런 감정이 일어나는지 대답하는 식으로 써 나가면 될 거야.

자서전을 남겨 보자 🖊

일기 쓰기가 너무 의무적이고 시시하게 느껴진다면, 더 강력한 방법이 있어. 지금까지 살아온 나의 이야기로 자서전을 써 보는 거야. '헐!' 하는 소리가 들리는 것 같으네. 삼촌이 좀 오버하는 것 같니?

그런데 자서전은 대단한 사람만 쓰는 게 아니야. 반드시 책으로 출간해야 하는 것도 아니고. '기록되지 않은 역사는 없다'는 말 들어 보았지? 우리가 알고 있는 모든 역사는 '기록' 때문에 전해진 거야. 엄청난 업적을 남겼지만 기록되어 있지 않아서 현대인들이 모르는 위인들도 많을 거야.

너무 평범해서 기록할 게 없다고? 과연 그럴까? 어쩌면, 지금껏 기록하지 않았기 때문에 스스로를 평범하다고 느끼는 건 아니고? 삼촌이 작가가 되기 전에 구본형 선생님의 제자가 되고 싶어서 메일로 연락을 드렸었는데, 그때 선생님께서 과제를 한 가지 내주시더구나. 50페이지 분량의 자서전을 써 오라고 말이야. 나뿐만 아니라 선생님의 제자가 되고 싶어 하는 모든 사람에게 내주는 과제라고 하셨지. 처음엔 황당하고 막막했어. 나이도 아직 어린데 자서전이라니!

그래도 선생님께서 주신 기회니까 놓치고 싶지 않았어. 그래서 꾸역꾸역 기억나는 어린 시절부터 써 내려가기 시작했지. 부모님은 어떤 분이셨는지, 어릴 때 고민은 뭐였는지, 가장 아름다운 기억은 무엇인지… 등등. 이런 평범한 이야기들로 시작한 글이 계속 빈 페이지를 채워 가는데 나도 모르게 눈물이 왈칵 쏟아지는 거야. 한 달 정도에 걸쳐 쓴 것 같은데, 정말 밤마다 쓰면서 눈물 콧물 쏙 뺐다니까. 참 별거 없는 이야기들인데 감정이 막 북받치는 거야. 그러면서 선생님이 왜 이걸 쓰라고 하셨는지 이해하게 되더라.

삼촌뿐만 아니라 함께 자서전을 쓴 지원자들이 더 있었는데, 중간에 포기한 사람도 있고 50페이지를 다 썼지만 자질 부족으로 선생님의 제자가 되지 못한 사람도 있었어. 그런데 모두들 입을 모아 자서전을 쓰는 게 정말 의미 있는 일이었다고 말하더라고. 별것 아닌 것 같았던 과거의 사건들을 돌아보는데, 예전엔 몰랐던 의미들이 그 속에 숨어 있었다는 걸 발견하게 되었고, 그걸 깨달으니까 자기를 더 사랑하게 되었다고 말이야.

크고 극적인 경험만 글로 쓸 가치가 있다고 생각할지도 모르겠지만, 사실은 평범한 경험에서도 인생을 바꿀 깨달음을 얻을 수 있어. 그 경험을 어떻게 되돌아보고 해석하느냐가 훨씬 중요하지. 자서전을 쓴다는 건, 나의 특별한 경험을 나열하라는 게 아니야. 평범한 경험들을 곱씹어 보면서 그것들이 나에게 어떤 영향을 미쳤는지를 돌아보는 거지.

머릿속에 기억나는 나이부터 지금까지의 자서전을 한 번 써 봐. 한 해씩 나누어서 적어 보는 게 도움이 될 거야. 일곱 살 때는 무슨 일이 있었니? 가장 강렬한 기억을 붙잡아서 그때 어떤 느낌이 들었는지 써 보는 거야. 초등학교에 입학한 해에는? 이렇게 한 해씩 기억들을 짚어서 기록해 보렴.

글로 표현하기 어렵다면 그림으로 그리는 것도 좋은 방법이야. 낙서 수준의 그림 실력이어도 괜찮아. 커다란 종이 한 장에 지금까지 살아온 걸 지도처럼 그려 보는 거야. 지도가 어렵다면 강물이나 나뭇가지처럼 그리는 것도 좋지. 내 인생을 나무에 비유한다면 뿌리는 어디일까? 앞으로 어떤 꽃을 피우게 될까? 지금 나는 어디쯤 와 있을까? 이런 식으로 떠오르는 장면을 그림과 글로 자유롭게 써 보는 거야.

10년 안에 보고 싶은 열 가지 장면 ✏️

자서전을 쓰면서 나의 과거를 적다 보면 자연스럽게 내가 어떻게 살고 싶은지 미래를 상상해 보게 될 거야. 앞으로 꿈꾸는 삶은 무엇이니? 오늘부터 10년 동안 어떤 장면을 경험하고 싶니? 상상의 나래를 펼쳐서 내가 가장 맞이하고 싶은 장면을 조금 오글거리더라도 적어 보는 거야.

삼촌이 2010년 6월 13일에 적은 문서 파일 '미래 일기_ver 3.0'에는 이렇게 적혀 있더라고.

회사를 그만두고 내 일을 시작하기 전 한 달간 아내와 함께 부모님을 모시고 태국을 다녀왔다. 다행히 예전에 있었던 곳들을 기억해 낼 수 있어 내가 가이드할 수 있었다. 우리는 많이 돌아다니지 않았다. 대신 되도록 바다에서 오래 머무르며 많은 이야기를 나누었다. 오랫동안 통영의 푸른 바다에서 살았지만 언제나 바다를 그리워하는 사람들이었다. 코 따오(Ko Tao)와 끄라비(Krabi)의 해변에서 바다를 삼킬 듯 타는 석양을 보았다.

우리가 다시 함께 바다를 찾을 날이 또 있을까? 부모님께서는 여전히 건강하시지만 노인들은 언제 아플지 모르는 일이었다. 우리는 미리 작별 인사를 나눴다. 나는 그동안 키워 주신 것에 대한 감사와 사랑을 말씀드렸다. 오직 두 아들만을 위한 당신들의 삶이 헛되지 않도록 잘 살겠다고 했다. 부모님께서는 아들이 대견하다 하셨다. 울음이 그치지 않는 밤이었다. 눈을 질끈 감고 엄마와 아빠를 두 팔로 감아 번갈아 가며 꼭 안아드렸다. 오랜만의 포옹이었다. 다시 아이가 된 듯 품 안이 너무나 따뜻했다. 나는 이 따뜻함이 오늘의 나를 만들어 준 것임을 알고 있었다.

11년 전에 이 글을 적으면서 너무 오글거리고 쑥스러웠던 기억이 나네. 그때는 아직 결혼도 하지 않았었고, 부모님도 60대라서 매우 건강하셨었거든. 그런데 미래의 일을 마치 오늘 일어난 일처럼 적으려니 얼마나 민망하던지.

그런데 6년 후에 실제로 삼촌은 부모님과 아내, 두 아이와 함께 태국을 한 달간 여행했어. 저 글에 나와 있는 끄라비를 비롯한 태국 남부의 에메랄드빛 바다를 가 보았고 말이야. 그리고 라일레이라는 해변에서 부모님께 저 글을 보여드리면서 그동안 키워 주셔서 감사하다고 말씀드렸지. 지금 돌아보면 쥐구멍에 들어가고 싶을 정도로 너무 부끄러운 순간이지만, 내 인생의 가장 빛나는 순간이기도 해. 그리고 그 후로 매년 부모님을 모시고 해외를 나갔었지.

혹시 삼촌의 글을 읽으면서 조금 이상하지 않았니? 문장의 시제가 미래형이 아닌 과거형이니 말이야. 11년 전에 적은 글이지만 마치 이미 일어난 것처럼 과거 시제로 적고 있잖아. 조금 어색해도 이렇게 미래를 '기억하듯' 적어 보는 게 도움이 된단다. 혹시 크리스토퍼 놀런 감독의 〈테넷〉이라는 영화를 봤니? 여기엔 인버전(inversion)이라는 흥미로운 개념이 나와. 시간이 미래에서 과거로 거꾸로 흐르는 상태지. 아주 먼 미래의 사람이 개발한 '회전문'을 통과하면 마치 필름을 거꾸로 돌리듯 반대로 시간이 흘러가게 돼. 내가 그 회전문을 통과해서 시간을 되돌려 미래에서 지금으로 왔다고 생각해 보렴. 그리고 내가 경험한 미래를 기억하듯 일기를 적어 보는 거야.

"이해하지 말고 느껴!"라는 〈테넷〉의 대사처럼, 미래 일기를 쓸 때는 감정이 중요해. 네가 스스로 그 장면을 쓰면서 감동할 수 있다면 더할 나위 없어. 우리의 잠재의식은 감동이 일어날 때 놀라운 힘을 발휘하거든. 미래 일기를 쓰면서 기뻐하고 감사하며, 마치 내가 상상한 모든 것들이 당연한 것이라고 느끼면서 써야 해. 그렇게 감동하면서 적은 글은 결국 하나의 씨앗이 되더라고. 땅에 뿌려진 한 알의 씨앗은 싹이 터서 성장하고 꽃을 피우고 열매를 맺지. 그리고 다시 수십 개의 새로운 씨앗을 만들어. 우리 안의 희미한 꿈이 종이 위에 뿌려지면 그 순간부터 꿈은 생명력을 가지고 움직일 거야. 다른 사람의 삶에도 큰 영향을 미치고 말이야.

인생은 한 권의 책과 같아. 오늘 내가 쓴 글로 인해 내 미래가 완전히 달라지는 경험을 하게 될 거야. 인생이 어떤 책이든 그것은 아직 완성되지 않은 책이야. 온전히 내가 한 단어, 한 문장, 한 페이지씩 써 나가야 하지.

너는 어떤 인생을 써 내려가고 싶니?

꾸준히 쓰려면
어떻게 해야
할까요?

이순신 장군의 《난중일기》를 알지? 왜란 중에 거의 하루도 빠지지 않고 쓴 일기 말이야. 이순신 장군은 아마도 자신의 일기가 고전의 반열에 올라서 이렇게 많은 사람들이 읽으리라고는 생각하지 못했을 거야. 장군이 꾸준히 쓴 일기는 13만여 자에 이르렀고 200여 년이 지난 후에야 이를 편집해서 《난중일기》라는 이름을 붙였다고 해.

그래서 우리가 흔히 보는 《난중일기》는 일종의 축약본이라 할 수 있어. 원문은 더 길지. 실제 완역본을 구해서 읽어 보면 정말 이상해. 한 줄짜리 일기가 엄청나게 많거든. 내용도 똑같아. "○월 ○일, 동헌에 나가 공무를 보았다." 이런 한 줄짜리 글이 계속해서 반복되지.

이순신 장군은 왜 그런 의미 없는 한 줄을 빠지지 않고 쓰셨을까? 그것도 전쟁 중이라 바쁘고 정신적으로 힘들 때 말이야.

한 문단 일기와 모닝 페이지 ✏️

삼촌은 앞서 말한 '작은 습관' 때문이라고 생각해. 하찮을 정도로 작은 목표를 매일 하다 보면 습관이 되고 정체성도 달라진다는 이론 기억하지? 이순신 장군의 하찮은 목표는 '일기 한 줄'이었던 거지. 그래서 전쟁 중에도 매일 그 한 줄만큼은 쓰고 잠자리에 들었던 거야.《난중일기》를 보면 한 줄 일기가 반복되다가 어떤 날은 두세 페이지, 또 어떤 날은 열 페이지에 가깝게 쓰여 있어.

삼촌은 '한 문단 일기'를 쓰고 있어. 한 줄보다는 조금 많지만 한 단락을 쓰는 데는 고작해야 2~3분이면 충분하지. 정말 쓰기 싫은 날에도 핑계를 댈 수가 없어. 그럴 때는 초등학생들이 숙제하듯 "오늘 ○○를 했다. 처음 해 본 거였는데 무척 재미있었다. 다음에 또 해 봐야지" 하고 짧게 쓰고 끝내곤 해.

그러다가도 어느 날엔 한 문단을 쓰다가 어느새 감정에 젖어서 두세 페이지를 쓰기도 하지. 글은 원래 첫 문장 쓰기가 제일 어렵거든. 그런데 한 문단 일기는 첫 문장을 부담 없이 지를 수 있어. 그렇게 일단 시작하면 생각이 이어지니까 부담 없이 몇 줄은 계속해서 쓰게 되는 것 같아.

몰입해서 쓴 날은 글 중에서 좋았던 부분만 복사해서 SNS에 올리기도 하지. 사람들의 '좋아요'가 좋은 자극제가 되니까 말이야.

삼촌처럼 매일 아침마다 하루를 시작하는 의식(ritual)으로 일기를 써 보길 추천해. 밤에 쓰게 되면 쉽게 부정적이고 감정적이 되거든. 그래서 아침 시간에 쓰는 게 좋아. 아침엔 피곤은 풀렸으면서도 정신은 느슨한 상태라서 마음이 담긴 글을 쓰기에 딱 알맞은 때거든. 마음껏 상상할 수도 있고, 하루를 계획할 수도 있고, 몰입해서 공부를 하기 전에 '워밍업'으로도 도움이 될 거야.

아침을 여는 또 하나의 좋은 방법은 모닝 페이지(morning page)를 쓰는 거야. 모닝 페이지는 《아티스트 웨이》라는 책에서 창의성을 키워 주는 것으로 소개된 방법이야. 이 책의 저자인 줄리아 캐머런은 소설가이자 영화감독, 시나리오 작가, 작곡가,

화가 등 다재다능한 예술인인데, 오랫동안 모닝 페이지를 썼기 때문에 '종합 예술인'으로 살아갈 수 있었다고 고백해.

　　모닝 페이지를 쓰는 건 간단해. 매일 아침 눈을 뜨자마자 머릿속에 떠오르는 생각을 아무것이나 자유롭게 써 나가는 거야. '헐, 뭐야. 일기랑 똑같잖아?' 하고 생각했지? 사실 많이 달라. 무엇보다도 모닝 페이지는 '쓰는' 게 아니라 '하는' 거야. 무슨 말이냐면, 머릿속에 떠오르는 목소리를 그냥 적는 거야. 일기는 무언가를 적기 위해 의식적으로 생각을 하지만, 모닝 페이지는 머릿속에 있는 걸 종이 위에 모조리 옮기는 거지.

예를 들어 아침에 자고 일어났는데 정신이 멍해서 아무 생각이 나지 않는다면 '아무 생각이 안 난다. 아무 생각이 안 난다. 아무 생각이 안 난다. 아, 쓰기 귀찮다. 정말 하기 싫다. 피곤해 죽겠다' 이렇게 머릿속에 울리는 목소리를 한 페이지가 가득 채워질 때까지 계속해서 옮기기만 해도 돼. 생각하고 쓴다기보다는 그냥 '기계적으로 한다'에 가까워. 별것 아니지? 옮겨 적기만 하는 거라서 한 페이지를 쓰는 데 10분도 안 걸릴 때가 많아.

모닝 페이지는 자유롭게 자기를 풀어 놓는 방식이다 보니, 저절로 어린아이 같은 마음으로 돌아가서 글을 쓰게 돼. 아이들이 노는 걸 보고 있으면 아무런 규칙이나 생각 없이 자유롭게 놀잖아? 그렇게 노는 것처럼 글을 쓰다 보면 글 쓰는 게 아주 자연스러워지면서 글 내용도 아주 부드러워지지. 삼촌도 3년 정도 매일 아침 모닝 페이지를 했었는데 덕분에 글 쓰는 게 아주 편안해졌어. 그리고 마음속에 '꽁' 하고 자리 잡았던 해묵은 감정이나 미움 같은 걸 털어 버리게 되니 마음도 편해졌지. 너도 한 번 시도해 보렴.

비공개 게시판에 친구와 같이 쓰기

SNS에 쓰는 건 자신을 들여다보는 데 별 도움이 안 된다는 말을 했었지? 많은 사람들이 지켜보는 무대에서 자기 모습을 솔직하게 드러내기란 정말 어려운 일이거든. 그럼에도 불구하고 글쓰기에서 SNS가 주는 큰 장점이 있어. 바로 '좋아요'나 하트, 댓글 등이 글을 꾸준히 쓰게 하는 자극제가 된다는 거지. 이걸 잘 이용한다면 오랫동안 즐겁게 글을 쓸 수 있어.

"블로그는 상어와 같다"라는 말을 들어 본 적 있니? 블로거들 사이에서는 꽤 알려진 말이야. 상어는 몸 안에 부력을 조절하는 부레가 없어. 가만히 있어도 물에 떠 있을 수 있는 다른 물고기들과는 달리 상어는 헤엄치지 않으면 점점 가라앉게 되지. 그래서 바다 표면에 있는 먹이를 먹으려면 상어는 부지런히 꼬리를 움직여야만 해. 블로그 운영도 마찬가지야. 사람들을 낚으려면 꾸준히 글을 올리고 활동해야 하지.

잘 알겠지만 블로그뿐만 아니라 인스타, 페이스북, 유튜브 같은 SNS의 기본 추천 알고리즘도 '꾸준함'을 기준으로 해. 그래서 더 많은 조회 수와 좋아요를 받으려면 꾸준하게 글을 쌓아나가는 게 중요하지. 그러다 구독자가 많아지면 글을 올리자마자 몇 시간도 안 되어서 '좋아요'를 얻을 수 있으니 그 재미에 푹 빠져서 꾸준히 하게 돼.

그럼 솔직한 내 모습을 드러내기 힘들다는 SNS의 단점을 보완하면서 동시에 꾸준하게 쓸 수 있는 장점을 살릴 방법은 없을까? 삼촌이 생각해 낸 건 '비공개 커뮤니티'야. 글쓰기에 관심이 있는 친구들 몇 명과 비공개 인터넷 모임 공간(카페)을 만들고 글을 쓰기로 약속하는 거야. 가능하면 내 속 깊은 이야기를 할 수 있을 정도로 친한 친구들이어야겠지. 그러면 가감없이 내 모습을 드러낼 수 있을 테고, 친구들의 '좋아요'를 받기 위해 꾸준하게 글을 쓰게 될 테니까.

삼촌은 구본형 선생님께 글쓰기를 처음 배울 때 함께 공부하는 아홉 명의 동료들과 비공개 게시판을 열어서 일주일에 두 편씩 글을 썼어. 동료들은 서로 글을 읽고 정성스러운 댓글을 남겨 주곤 했지. 열 명밖에 없는 공간이었지만 댓글을 많이 받고 싶어서 얼마나 열심히 썼는지 몰라. 가끔씩 10년 전에 쓴 게시판의 글들을 보면, 그때만큼 열정적으로 글을 썼던 적이 있었나 싶어. 이후로는 매년 세네 명씩 모여 비공개 카페를 열어서 함께 글을 썼는데, 그게 지금 작가로서의 삼촌 삶에 큰 보탬이 되었다고 생각해.

너도 주변의 사람들을 모아서 한번 해 보렴. 꾸준히 자신을 들여다보는 좋은 자극제가 될 거야. '글'을 중심으로 살다 보면 하루의 만족감이랄까, 행복해지는 느낌이 커지는 걸 알게 돼. 글은 스쳐 지나는 것을 기억하게 하고, 잊혀 가는 것들을 존재하게 하거든. 소중한 것들을 기억하고 '지금'에 존재할 때 우리는 더욱 풍성한 삶을 살게 되는 것 같아.

나중에 저도 책을 써 보고 싶어요

생각이 '나중에 책을 써 보고 싶다'는 데까지 닿았다면 정말 칭찬해 주고 싶구나. 적어도 '책은 특별한 사람만 쓰는 것'이라는 생각은 안 한다는 뜻이니까. 사실 책을 쓴다는 건 어떤 주제에 대해서 깊이 배울 수 있는 좋은 기회 거든.

많은 사람들이 전문가만이 책을 쓸 수 있다고 생각하지만, 오히려 그 반대야. 책을 써야 깊이 배울 수 있고 전문가로 발돋움하게 되지. 좋은 배움은 받아들이는 것으로 그치지 않아야 해. 더 빨리 배우고 깊이 배우려면 그걸 직접 해 봐야 해. 백 번 듣는 것보다 한 번 보는 게 낫고, 백 번 보는 것보다 한 번 하는 게 낫지.

그런데 최고의 학습법은 그걸 말이나 글로 가르쳐 보는 거야. 누군가를 가르치려면 다양한 각도에서 바라봐야 하니까 공부를 많이 하게 되지. 책을 쓰는 건 다른 사람을 가르치면서 동시에 자신의 배움을 깊어지게 하는 최고의 방법이야.

내 안의 이야기를 퍼올리기 ✏️

삼촌은 결혼 전에 몇 번의 연애를 했었어. 물론 지금의 아내를 만나기 전에도 사랑하는 사람이 있었지. 양다리를 걸친 적은 없고, 여자친구가 항상 있었던 것 같아. 그런데 이상하지? 20대 후반부터 이상하게 연애가 잘 안 되는 거야. 거의 5년 동안 여자친구 없이 지냈어. 소개팅도 많이 하고 실제로 썸을 탄 사람도 많았는데 번번히 마지막에 잘 안 되었던 거지. 그동안 내 성격이 변했거나 외모가 확 달라지지도 않았는데 말이야. 아무리 생각해도 왜 그런지 이유를 알 수 없어서 정말 답답했어.

나이가 들어서 이제 돌아보니 그 이유를 확실히 알겠더라고. 삼촌의 연애가 어느 순간 뚝 끊긴 이유가 뭐였을 것 같니?

바로, '결혼해야겠다'는 마음 때문이었어. 어렸을 때는 먼 미래를 생각하지 않고 즐겁게 사람들을 만났었는데, 20대 후반이 되어서 결혼을 생각하고 사람을 만나니까 나도 모르게 상대를 깐깐하게 평가하고 속으로 쟀던 거야. 일단 연애를 해 봐야 그 사람의 생각이나 가치관도 깊이 알 수 있고 새로운 모습도 보게 되는데 결혼을 먼저 생각하니까 만나 보기도 전에 '저 사람은 안 될 것 같아' 하고 시작조차 제대로 하지 않았던 거지.

책 쓰기도 똑같아. 책부터 쓰려고 마음먹으면 글이 잘 안 써져. 많은 사람이 볼 거라는 생각 때문에 힘이 잔뜩 들어가니까 자연스러운 글이 나올 수가 없거든. 그래서 작가가 되기 이전에 '성찰가'가 먼저 되어야 해. 성찰가는 글을 통해 솔직하게 나를 돌아보고 탐색하는 사람이야. 삼촌이 계속해서 '자유롭게 쏟아내라'고 강조했던 이유가 바로 이거야. 결혼을 생각하기 전에 먼저 뜨겁게 연애부터 해야 하는 것처럼, 책을 쓰기 전에 자기 안의 깊은 이야기를 퍼올려야 하는 거지! 그렇게 '내 안의 나'와 열정적으로 사랑한 후에야 비로소 책을 쓸 준비가 된 거라고 할 수 있어.

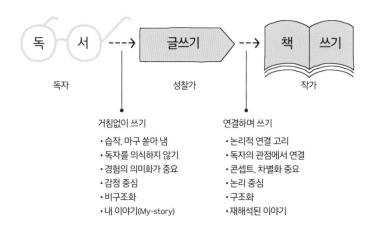

독서 ---→ 글쓰기 --→ 책 쓰기

독자   성찰가   작가

거침없이 쓰기
- 습작, 마구 쏟아 냄
- 독자를 의식하지 않기
- 경험의 의미화가 중요
- 감정 중심
- 비구조화
- 내 이야기(My-story)

연결하며 쓰기
- 논리적 연결 고리
- 독자의 관점에서 연결
- 콘셉트, 차별화 중요
- 논리 중심
- 구조화
- 재해석된 이야기

책을 쓰는 두 가지 방법 ✏️

책 출간 과정을 하나하나 설명할 필요는 없겠지? 궁금하다면 서점에 책 쓰기에 대한 책들이 많으니까 찾아서 읽어 보면 돼. 삼촌은 책 출간을 위한 글쓰기에 대해서만 이야기할게.

책을 쓰는 방법에는 두 가지가 있어. 첫 번째는 나의 경험을 기록하는 거고, 두 번째는 내가 공부한 내용을 기록하는 거지. 책을 쓰는 첫 번째 방식은 내가 살아온 경험을 아주 솔직하게 적어 내려가는 거야. 그런 글들이 재료가 되어서 다른 사람에게 울림을 주는 글을 쓸 수 있게 되지. 내 경험을 쓰는 중간중간에 그 경험을 통해 얻은 교훈, 비슷한 이야기를 한 사람들, 이론이나 개념들을 섞어 주면 책에 들어갈 글 한 편이 나오게 돼. 여러 번 강조했듯이 책을 쓰기 위해서 대단한 경험이 필요한 게 아니야. 평범해도 그 경험이 가지는 의미를 잘 드러내면 돼. 앞서 말한 삼촌의 연애와 결혼 이야기처럼 평범한 경험 속에서 색다른 의미를 찾아서 연결하면 좋은 글이 되지. 자주 써 보면 문장을 구성하는 실력이 점점 늘게 될 거야.

책을 쓰는 두 번째 방식은 내가 공부하고 연구한 내용을 쓰는 거야. 내가 직접 경험하지는 않았지만 책이나 인터뷰를 통해 간접 경험한 것을 정리해서 책으로 내는 거지. 예를 들어서 축구 선수 손흥민에 대해 글을 쓴다면 손흥민에 대한 책을 읽어 보고(실제 손흥민이 쓴 책도 있고 아버지인 손웅정 씨가 쓴 책도 있어), 신문 기사를 검색해 보고, 또는 손흥민이나 주변 사람들을 만나 직접 인터뷰해서 글을 쓸 수 있겠지. 사실 전문 작가들의 책들 중에 이런 연구를 통해 쓰인 경우가 많아. 내가 직접 경험한 건 제한적이지만, 책이나 영상, 만남을 통해 얻을 수 있는 재료는 무궁무진하니까.

그래서 책을 쓰고 싶은 마음이 있다면 책, TV, 영화, 기사 등을 볼 때 인상 깊은 부분을 발췌하고 나의 소감과 교훈을 기록해 두는 게 중요해. 삼촌은 책 한 권을 읽으면 그중에서 가장 좋았던 내용들을 따로 모아서 정리하고, 거기에 내 생각을 덧붙여서 파일로 저장해 둬. 나중에 책을 쓸 때 이렇게 정리해 둔 기록들을 한 번씩 훑어보는 것만으로 몇 꼭지의 글이 즉석에서 써지기도 해. 그런데 이때 주의할 점이 있어. 이렇게 기록하면서 그 좋았던 문장이 잠재의식에 새겨져서 나도 모르게 비슷한 문장들을 쓰게 된다는 것이지. 나의 생각이고 말인지, 누군가의 글이나 말에서 옮겨 온 것인지를 표시하지 않거나 잘못 기록해 두면 표절의 문제가 생길 수도 있어. 의도했든 의도하지 않았든 간에 말이야. 그래서 읽은 것, 들은 것들에 대해 출처를 명확하게 표시하고 생각을 덧붙여서 자료로 정리하는 과정이 반드시 필요해. 이것을 '문헌 정리'라고 부르지.

문헌 정리 자료들이 쌓이면 그것을 키워드로 분류해서 각기 다른 폴더에 저장해 두렴. 예를 들어 삼촌의 '글 창고' 폴더에는 '인간관계 심리학', '청소년 진로', '1인 마케팅'이란 폴더들이 있어. 이 폴더들이 나중에 내가 쓰는 책의 분야나 목차를 결정하게 될 거야. 물론 목차를 구성하는 방법은 문헌 정리 방법보다는 조금 더 복잡하지만, 정리해 둔 자료를 바탕으로 만들어가는 게 가장 쉽고 보편적이야.

문헌 정리가 어느 정도 되었다면 이제 글을 써야겠지? 책에 쓰는 글은 일기에 쓴 글과 뭐가 가장 다를까? 무엇보다 독자를 염두에 두고 써야 해. 잘 읽혀야 하고, 난이도가 독자 수준에 적절해서 이해할 수 있어야 하지. 그리고 실제로 독자들이 궁금해하는 것들을 하나씩 알려 주어야 해(이 책의 목차 역시 삼촌이 강의를 통해 만난 청소년들이 실제로 질문한 것들로 구성한 거야). 한마디로 독자에게 친절한 글쓰기가 되어야 한다는 거야.

친절하게 쓰려면 어떻게 해야 할까? 무엇보다 문장을 짧게 써야 해. 문장을 길게 쓸수록 이해하기 어려워지고, 읽기도 불편하거든. 문장이 길면 자기 스스로 제어하지 못해서 독자의 가슴을 파고들지 못하지.

그리고 어려운 용어는 되도록 피해야 해. 수박 겉핥기 식으로만 아는 사람들이 주로 전문 용어 뒤에 숨지. 깊이 아는 사람은 초등학생들도 이해할 수 있도록 글을 쉽게 써. 또한 독자들에게 문제가 있다는 식으로 잔소리하듯 글을 쓰는 것도 좋은 방법이 아니야. 선생님이나 부모님이 '넌 이게 문제야'라고 해서 네가 행동을 바꾼 게 있니? 공격적인 글쓰기는 독자들에게 반발심만 일으킬 뿐이야. 독자가 책을 통해 얻고자 하는 것, 즉 궁금해할 내용을 독자의 수준에 맞게 짧은 문장으로 쓰면 돼. 일기가 나에게 충실한 글이라면, 책은 독자에게 충실한 글이 되어야 하지.

　이렇게 문헌을 정리하고 분류하고, 하나씩 글을 완성하는 것만으로도 책을 쓸 준비를 거의 다 한 거야. 꾸준히 실력을 쌓아 나가면, 언젠가는 책을 쓰는 날이 올지도 몰라. 그러나 잊지 마. 무엇보다도 더 잘 배우기 위해서 써야 한다는 걸 말이야. 우선은 나를 깊이 이해하기 위해 내면의 글을 쏟아내야 한다는 것도 기억하고. 글을 쓴다는 건 내 마음을 거울에 비춰 보는 것과 같아. 인생에서 맞이하는 큰 문제들은 대부분 내 '진짜 마음'을 알지 못해서 생기거든.

　글을 쓰는 사람이 지혜로운 것은, 수시로 자기 마음을 확인했기 때문이야. 나를 제대로 비춰 볼 줄 알면 다른 사람에게도 솔직해져서 관계도 원만해지지. 나아가 더 큰 '우리'로서 사회에 참여하며 변화를 이끌게 되고 말이야. 마하트마 간디나 테레사 수녀, 이순신 장군처럼 세상을 바꾼 인물들 대부분이 글을 썼다는 점을 잘 생각해 보렴.

　이제부터라도 조금씩 글쓰기를 습관으로 만들어 보자!

읽고 쓰기만큼
즐거운 일이 또 있을까?

벌써 이 책의 끝에 다다랐구나. 어떠니? 이 책을 읽기 전보다 조금은 글에 가까워진 것 같니? 독서든 글쓰기든 부담 없이 시작할 수 있을 것 같니? 책을 통틀어서 삼촌은 네게 읽기와 쓰기의 '즐거움'에 대해 말했어. 스스로 즐겁다면 삼촌의 잔소리 없이도 꾸준히 할 테니까 말이야. 이 책 역시 네게 즐거움이었으면 좋겠구나. 이렇게 끝까지 읽어 주어서 고마워.

2007년에 우리나라 교육부에서 직업에 대한 흥미로운 조사를 하나 했어. 우리나라 800여 개의 직업에서 종사하는 사람들에게 "당신의 직업에 얼마나 만족하십니까?"라고 묻고 점수로 답하게 했지. 그리고 그걸 직업별로 평균값을 계산해서 1등부터 800등까지 줄을 세운 거야. 어떤 직업이 가장 만족도가 높았을 것 같니? 눈을 감고 감시 추측해 볼래? 우리나라에서 가장 행복하게 일하는 사람들은 무슨 일을 하는 사람들일까?

실제로 만족도가 가장 높은 다섯 가지 직업은 이랬어.

```
1위 사진 작가

2위 작가

3위 파일럿

4위 작곡가

5위 조주사
```

어때, 네 예상과 잘 맞았니? 삼촌은 조금 의외였어. 왜냐하면 사진 작가와 작가라는 직업은 유명한 몇몇 사람을 제외하고는, 사실 돈을 많이 버는 직업은 아니거든. 지인 중에 사진을 찍거나 글을 쓰는 사람들을 보면, 돈 버는 직업을 하나 더 가지고 있으면서 부업이나 취미로 좋아하는 일을 하거든. 삼촌도 꾸준히 책을 내며 작가로 활동했지만, 그러면서도 15년 동안 직장인이었던 이유는 돈을 벌기 위해서였어. 되돌아보면, 큰돈을 버는 직업이 아니었는데도 꾸준히 작가로서 글을 썼고, 그 직업을 가졌다는 사실에 정말 행복해했어.

무언가를 창작한다는 건 그만큼 즐거운 일이야. 실제로 사진 작가나 작가들은 대부분 죽기 전까지 그 일을 하는 사람들이 많아. 누가 시켜서 하는게 아니라 내가 즐거우니까 평생 할 수 있는 거지. 나아가 이런 직업들은 일하면서 계속해서 자신을 돌아보게 해 주지. 삼촌이 아는 한 사진 작가는 돌틈 사이에 피어난 야생화를 찍으면서 '아이고, 이 미물도 이렇게 열심히 사는데…'라고 혼잣말을 하더라고. 아마도 그 말 뒤에는 '(나도 최선을 다해 살아야겠다)' 라는 말이 괄호 쳐져 있지 않았을까 싶어.

삼촌도 그래. 이 책에서 했던 각종 잔소리들, '이렇게 해 보렴', '이렇게 해야 해' 했던 말들을 100퍼센트 나도 지키고 있지는 못해. 예전에는 습관을 들이기 위해 열심히 했다가 지금은 익숙해져서 안 하고 있는 것들도 있지. 그런데 이 책을 쓰면서 자꾸 나를 돌아보게 되더라. '나는 요즘 책을 즐기면서 읽고 있나?', '일기 쓸 때 누군가를 의식하지 않고 솔직하게 쓰고 있나?' 이렇게 질문하고 반성하면서 조금씩 예전 마음을 되찾게 되더라고. 이게 글이 갖는 힘이라고 생각해. 나를 위해 읽고 쓰지만, 사실은 나를 돌아보게 하는 희한한 '슈퍼 파워'라고나 할까. 언젠가 이 책을 읽는 너도 그 '슈퍼 파워'에 꼭 한 번 감전되기를 바라. 결국 내 삶을 더욱 의미 있게 만들어 준 건 책 속 한 문장에 감전되었기 때문이거든.

삼촌은 지금 행복해. 예전에 독하게 공부할 때보다 자주, 많이 웃지. 지혜는 덤이고. 이제는 인생에서 중요한 게 무엇인지 알고, 그걸 지키려고 노력하고 있어. 인생을 망치는 함정 또한 어디에 도사리고 있는지 알고 있고, 피할 수 있는 용기도 가지고 있지. 이 모든 게 삼촌이 읽고, 이해하고, 쓴 몇 줄의 문장들 덕분이야. 읽거나 쓰면서 가슴에 날아와 박힌 몇 줄의 문장이 결국 나를 이렇게 행복한 사람으로 만들어 주었다는 게 지금도 놀라울 따름이지.

너에게 이 책이 그 변화의 시작이었으면 정말 더 바랄 게 없겠어. 언젠가 만나서 "삼촌 책 덕분에 읽고 쓰는 게 즐거워졌어요"라는 말을 들을 수 있다면 뛸듯이 기쁠 것 같아. 그건 어마어마한 변화니까 말이야. 그런 날을 기대하며 기다리고 있을게.

진로 쫌 아는 십대 03

문해력 쫌 아는 10대
왜 잘 읽고 잘 써야 하나요?

초판 1쇄 발행 2022년 12월 16일
초판 3쇄 발행 2024년 10월 17일

지은이 박승오
그린이 신병근
함께 그린이 이혜원·선주리

펴낸이 홍석
이사 홍성우
인문편집부장 박월
편집 박주혜·조준태
디자인 신병근
마케팅 이송희·김민경
제작 홍보람
관리 최우리·정원경·조영행

펴낸곳 도서출판 풀빛
등록 1979년 3월 6일 제2021-000055호
주소 07547 서울시 강서구 양천로 583, 우림블루나인 A동 21층 2110호
전화 02-363-5995(영업), 02-364-0844(편집)
팩스 070-4275-0445
홈페이지 www.pulbit.co.kr
전자우편 inmun@pulbit.co.kr

ISBN 979-11-6172-861-2 44190
       979-11-6172-794-3 44080(세트)